수학
상처

최수일 지음

비아에듀
ViaEducation

수학,
무엇으로
어떻게 가르칠 것인가?

경력 20년차인 교사가 최근 나에게 물었다.

"얼마 전 어떤 모임에서 제가 수학교사인 것을 알고 누군가 정중하고 진지하게 묻더라고요. 왜 아이들이 사교육 없이는 학교에서 수학을 배울 수가 없는 거냐고요. 선생님이라면 어떻게 대답해 주시겠습니까?"

'수포자'가 발생하는 원인은 교육과정, 교수−학습, 평가를 비롯한 입시제도 등 총체적이지만, 나는 교사들에게도 일정 부분 수업에 대한 책임감을 가져야 한다고 강조해 왔다. 여기에 대한 반감이 만만치 않다는 것을 피부로 느끼고 있다. 하지만 내 주장은 '수포자' 문제가 수학 수업에서 기인한다는 말이 아니라, 수업으로 '수포자' 문제의 해결책을 찾아보는 것이 '수학책임교육'이라는 것이다.

인공지능이 일상화된 시대를 살아가는 우리에게 수학은 이제 떼려야 뗄 수 없는 존재가 되었다. 하지만 동서남북, 남녀노소를 불문하고 누구에게나 수학에 관한 트라우마가 있다. 심지어 내가 수학 선생님이었다고 말하면 다들 학창 시절의 아픈 추억을 떠올리며 힘들었다고 말한다. 어쩌다 우리나라에서 수학은 이런 신세가 되었을까?

문제 풀이가 어렵기로 유명한 수능 수학 '킬러문항'이 수십 년 동안 유행하면서 수학으로 인한 상처는 전 국민적으로 남았다. 학창 시절 수학 문제 풀이와 성적이 직결되어 답답하고 힘든 시간을 보낸 결과로 남은 수학 상처는 그 양태 또한 다양하다. 선행학습으로 인한 반복적인 학습은 어린 시절부터 아이들을 괴롭히고, 의미도 모른 채 유형별로 암기해야 하는 공부는 소년의 삶에서 윤택함을 앗아간다. 그러는 동안 부모님과 사이는 나빠지고 가족 간의 신뢰는 흔들린다.

"수학 머리는 타고난다면서요?"

"심화문제집과 같은 어려운 문제를 많이 풀어야 수학 실력이 늘어나나요?"

"지능은 영유아 시절에 대부분 결정되니 이때부터 수학 공부를 본격적으로 시켜야 하는 것 아닌가요?"

많은 사람을 만나면서 수학 때문에 생긴 상처가 얼마나 큰지 알게 되었다. 어릴 때부터 어려운 수학 문제를 많이 푼 학생들이 탄탄한 실력을 발휘한다는 착각은 중고등학생이 되면 깨진다. 전체 학생 중 80%가 조기 선행 경쟁에 뛰어들지만 그중 정말 수학을 좋아하고 잘하는 학생은 극소수에 불과하다. 수많은 학생이 수학으로 인한 열패감에 휩싸여 있다. 이런 상태가 되니 수학교사 역시 자존감과 자신감을 잃어가고 있다.

수학은 폭넓은 논리적 사고를 학습할 수 있는 중요한 과목이다. 다양한 생각을 새롭게 연결하는 창의성이 21세기를 살아가는 필수 역량인데, 이를 키울 수 있는 것은 문제 풀이가 아닌 수학 개념의 연결성이다. 정의와 정리(또는 성질이나 공식)로 만들어진 수학의 구조는 개념적인 학습을 하기에 안성맞춤이다. 각 개념의 성질이 정의나 이전의 다른 성질로부터 단순하면서도 정확하게 만들어지는 과정은 놀랍도록 논리정연하다. 개념적인 학습은 수학 문제를 푸는 어려운 과정이 아닌 수학의 구조를 경험하는 놀라운 체험이다. 그리고 개념적인 학습의 힘으로 어려운 수학 문제를 해결하는 과정이 결코 어렵지 않다는 것 또한 신기한 경험이 될 수 있다.

학생들이 각자의 능력에 따른 속도로 주도적인 학습을 할 수 있도록 배려하고 지원하는 것이 수학교사의 역할이다. 학생들은 자기가 해낸 학습의 결과를 스스로 신뢰하고 주도권을 가져야 한다. 선생님으로부터, 문제집의 풀이로부터 받아낸 답안지에는 학생의 주도권이 없다. 스스로에 대한 믿음을 가질 수 있을 때 가장 좋은 배움의 기회가 온다. 학교와 성인 교수자의 주도는 학생들의 학습을 오히려 방해한다. 자신이 다른 사람보다 실력이 못하다고 믿게 만들고 잠재력이 부족하다고 생각하게 만든다. 잘못 가르친 탓이다.

수학 개념은 지극히 논리적이고 타당하기 때문에 그 결에 맞게 공부하면 누구나 이해할 수 있다. 그게 수학이다. 수학을 개념적으로 이해하지 못한 채 수학 문제를 풀기 때문에 억지로 수학 문제를 푸는 기술을 익히고 암기해야 한다. 그런 공부는 내적인 동기나 지적인 희열을 가져다주지 못한다.

수학교사는 수학적 재능을 가진 몇몇 소수의 학생만이 아니라 모든 학생이 수학을 잘 해낼 수 있도록 이끌어야 한다. 수학으로 인해 마음의 상처를 입은 학생은 물론, 어떤 배경지식을 가진 학생이

든 간에 논리적인 수학 개념의 연결 속으로 이끌기만 하면 높은 수준의 수학을 배울 수 있다는 신념을 가져야 한다.

　이 책은 총 3부로 구성되어 있다. 1부 수업 실행(배움의 수업)에서는 우리나라 수학교육의 딜레마를 짚어보고 미래를 향한 교수법에 대해서 논한다. 특히 선행한 학생을 수업에 초대하는 것, 수준 차이가 존재하는 현실에서 모든 학생이 똑같이 출발할 수 있도록 수업에서 이끄는 방법 등 만만치 않은 고민들을 다루고 있다. 그리고 일관성을 가지고 초중고 수학 개념을 연결할 수 있는 실전 아이디어도 맛볼 수 있다.

　2부 수업 준비(소통의 준비)에서는 수학 교과서의 문제점을 극복하고 학생의 주도적 사고를 키우는 교과서의 상을 제시한다. 그리고 분리 상태를 극복하여 영역 간 통합을 이룬 사례를 통하여 좋은 과제가 어떻게 학생의 상처를 봉합할 수 있는지를 설명한다.

　3부 수업 철학(교사의 정체성)에서는 이 모든 것을 뒷받침할 수 있는 수학교사의 정체성에 대한 부분을 다룬다. 수학을 왜 가르치는가의 문제, 흔들리지 않는 신념 등 교사의 내면을 돌아보면서 건전한 수업 사회 문화 형성과 실수를 아이디어 뱅크로 바라보는 새로운 시선을 볼 수 있다.

현장 교사들이 갈수록 내몰리고 있는 상황은 정말 안타깝다. 그럼에도 불구하고 일선에서 묵묵히 아이들을 사랑하고 수학적 사고를 키우려고 노력하는 선생님들이 있기에 그나마 우리나라가 이 정도의 발전을 이루었다. 학교와 사회, 가정이 똑같이 머리를 맞대고 우리 아이들의 미래를 위한 교육을 고민할 수 있는 분위기가 곧 형성될 것을 기대하고 오늘도 힘들게 수학을 가르치는 선생님들을 응원한다.

2024년 12월

최수일

차례

교사 중심 수업이 학습목표 달성에 유리하다.	(○ , ×)
수업은 교사가 학생에게 지식을 전달하는 과정이다.	(○ , ×)
상위권이 각 그룹에 고르게 배치되도록 인위적으로 그룹을 편성하는 것이 좋다.	(○ , ×)
자기주도적 학습을 진행할 때 아이들이 막히는 부분은 교사가 적극적으로 도와주어야 한다.	(○ , ×)
선행학습을 한 학생이 수업에 흥미를 보이지 않는 것을 해결할 방법은 없다.	(○ , ×)
수준차가 존재하는 교실에서 모두를 만족시킬 수 없으므로 어느 한쪽이라도 만족할 수업을 준비해야 한다.	(○ , ×)
옳은 답을 말한 학생에게 즉각적인 칭찬을 통해 보상해주어야 한다.	(○ , ×)
전문지식이 없는 학생끼리의 토론은 학습목표를 달성하지 못할 확률이 높으므로 지양해야 한다.	(○ , ×)
어림계산을 하는 습관은 정확한 답을 놓치게 할 우려가 있다.	(○ , ×)
한 학생이 오답을 말하면 즉시 다른 학생을 통해 정정해주도록 처치하는 것이 좋다.	(○ , ×)
초등학교 수학 개념을 잘 모르더라도 중·고등학교 수학을 공부하는데 지장이 없다.	(○ , ×)

제1부

수학, 어떻게 가르칠 것인가

―

배움의 수업

제1장

우리나라 수학교육의 딜레마

수업이 불안한 교사들

초등학교 교사였던 서근원은 여러 초등 수업을 관찰하면서 접한 교사의 고민을 『수업에서의 소외와 실존』에 다음 4가지로 정리했습니다.

> 첫째, 한국 교사들은 수업에 대한 어려움을 호소한다. 교사들은 수업
> 외의 잡무가 너무 많고, 학급당 학생 수 또한 과다*해서 수업을

---

* 서근원이 수업을 관찰한 때는 2000년대 초반이었으므로 지금의 상황과 차이가 날 수 있다. 지금은 20년 전보다 수업 외의 잡무를 줄이려는 시도가 많고, 저출산의 영향으로 학급당 학생 수도 많이 줄어든 상태다. 하지만 교사들은 여전히 학생 수가 많아서 힘들다고 생각할 때가 있다.

잘하기가 어렵다고 한다. 그리고 수업을 잘할 수 없는 원인으로 교육과정과 교과서가 학교의 현실이나 학생의 수준에 맞지 않다는 점과 가르쳐야 할 양이 너무 많다는 점도 지적하고 있다.

둘째, 한국 교사들은 자신이 교사로서 올바로 살아가고 있는지 의문을 가지고 있다. 자신이 수업에 전념하지 못하는 것, 그리고 특히 처지는 학생을 하나하나 친절하게 돌봐 주지 못하는 것에 자책감을 가지고 있다.

셋째, 한국 교사들은 수업 장면에서 스스로 소외감을 느낀다고 한다. 그것은 국가 수준에서 만들어진 교육과정을 그대로 가르치기 때문에 일어나는 현상이다. 교사가 왜 그렇게 가르쳐야 하는지도 모르는 채 주어진 대로 가르치기 때문에 스스로 소외를 당할 수밖에 없다.

넷째, 한국 교사들은 자신이 제대로 가르치고 있는지 불안감을 가지고 있다. 교사들은 자신이 알고 있는 지식이나 교수 방법이 적절한지에 대한 의문과 그에 따른 불안감을 가지고 있다. 즉, 전문성에서 자신이 없다는 것이다.

중고등학교 교사는 어떨까요? 수학교사를 만나 보면 하나같이 수업에 대한 자신감 부족을 호소합니다. 고등학교 교사는 입시의 압박이라는 더 큰 어려움을 겪고 있습니다. '수업 관찰 및 분석'이라는 주제의 전국수학교사모임 직무 연수에 참가한 교사들의 참가 동기를 정리해 봤습니다.

첫째, 수업에 대한 자신감이 부족하다. 이들 중에는 10년 차 이상 되는 교사도 여럿 있었는데 아직도 자신감이 부족하다고 느끼고 있었다.

둘째, 학생들의 적극적인 참여로 상호 의사소통하는 수업이 어렵다. 교사 위주의 일방적인 수업보다 학생 중심의 상호 관계적 수업을 하고 싶은 욕구는 있지만 잘 안 된다는 것이었다.

셋째, 수준 차이가 존재하는 교실수업에서 수업을 해야 하는 고민이 있다. 특히 낮은 수준의 학생의 소외 현상을 막을 대책이 없다는 것이었다. 전문계고 교사와 교육 소외 지역 교사도 비슷한 고민을 하고 있었다. 학생의 수준이 너무 낮아 어떻게 할 수가 없다는 것이었다.

넷째, 수학교사로서 전문성에 대한 자신감이 부족하다. 자신이 과연 수학적으로 충분한 지식과 실력을 갖추고 있는지 의문스럽다고 했다. 수학이라는 학문에 대한 두려움 같은 것이 있었다.

다섯째, '나 홀로' 수업을 하고 있다. 학생의 학습에 관심을 갖고 싶지만 어떻게 하면 가능한지가 궁금하다는 것이었다.

공감이 가는 대목입니다. 이런 문제의식에서 해방된 교사가 과연 얼마나 될까요? 교사들이 가장 어려워하는 것은 수준 차이가 많이 나는 이질 집단에서의 수업입니다. 모든 학생을 만족시키고자 하는 욕구와 현실에서 부딪히는 절망 사이에서 갈등하지요. 이런 고민을 해결하지 않고는 제대로 된 수업을 한다고 말할 수 없을 것입니다. 그래서 다른 교사가 수업을 보자고 하면 거절을 하지요. 초등학교 교사나 중고등학교 수학교사를 구별할 것 없이 교사라면 거의 비슷한 고민을 합니다. 왜 우리는 수업에 자신이 없을까요? 수업 자신감을 회복하는 방법은 무엇일까요?

학생들이 가장 싫어하는 과목, 수학

수학적 사고력이 핵심인 21세기 제4차 산업혁명, AI 시대를 맞았는데도 우리나라 수학교육은 20세기 중반을 헤매고 있습니다. 사망 선고를 해야 할 지경이지요. 이유와 과정 등이 어떻든 교육의 결과 학생이 수학을 가장 싫어하는 과목으로 인식하게 된 데는 변명의 여지가 없습니다. 대표적 국제 교육 비교 평가인 '국제학업성취도평가PISA'와 '수학·과학 성취도 추이 변화 국제비교연구TIMSS'의 최근 30년의 결과를 보면, 우리나라 학생의 수학에 대한 인지적 영역의 성취도는 세계 최상위를 유지하고 있지만 정의적 영역의 성취도는 여전히 세계 최하위를 면치 못하고 있습니다.

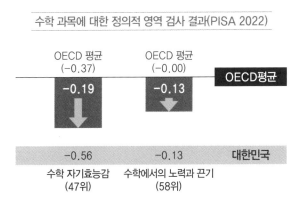

수학 과목에 대한 정의적 영역 검사 결과(PISA 2022)

우리나라 성인 대다수는 수학을 별로 중요하지 않거나 불필요한 학문이라고 생각합니다. 12년간 수학교육을 받은 결과, 수학의 의

미와 존재 가치를 이해하고 논리적이고 창의적인 사고력을 얻는 대신 수학에 대한 두려움과 공포감을 갖게 되었지요. 수학계 및 수학을 사용하는 이공계 일부의 긍정적 의견만으로 수학교육의 정당성을 찾기에는 어려움이 있습니다.

책에 있는 지식을 암기하고 학습하는 시대는 지났습니다. '동영상 세대'의 학생들은 교수자의 강의를 듣는 것만으로 공부하지 않습니다. 패러다임의 변화가 요구됩니다. 새로운 패러다임은 교수·학습의 초점을 교수자 위주의 전통적인 수업에서 학습자의 배움 중심, 협력과 배려, 토의와 토론 등으로 옮길 것을 요구합니다. 인공지능 기술 발전에 따른 디지털 전환, 감염병 대유행 및 기후·생태 환경 변화, 인구 구조 변화 등에 의해 사회의 불확실성이 증가하고 있습니다. 사회의 복잡성과 다양성이 확대되고 사회적 문제 해결을 위한 협력의 필요성이 증가함에 따라 상호 존중과 공동체 의식 함양이 더욱 중요해지고 있는 21세기, 교육의 비전은 포용성과 창의성을 갖춘 주도적인 사람을 기르는 데 있습니다.

수학교육에도 전반적인 패러다임의 변화가 필요합니다. 이를 위해서는 새로운 콘텐츠 개발이 시급합니다. 지금 수학교과서의 내용과 형식은 학습자의 배움 중심, 협력과 배려, 토의와 의사소통을 강조하는 시대 변화를 받아 내지 못합니다.

우리나라 수학교과서에는 학습자의 배움을 중심으로 하는 구성주의 교육철학이 아니라 교수자의 가르침이 중심인 행동주의 교육철학이 그대로 남아 있습니다. AI 디지털 교과서도 행동주의 교육철학, 즉 주입식 교육을 기본 철학으로 하고 있어서 걱정입니다. 학생의 호기심과 동기를 자극하기보다 제시된 수학 개념을 주입식으로 익히게 한 다음 이를 발판 삼아 다음 단계 개념으로 넘어가는 형식이지요. 플랫폼 기반의 디지털 학습과 AI를 이용한 처방은 학생의 지력을 저하시키며, 문제 해결, 의사소통, 추론, 연결 등 21세기를 살아가는 데 필요한 핵심역량을 길러 내지 못합니다. 교사들 또한 급변하는 환경에서 소외된 채 교육자로서의 정체성을 확보하지 못하고 방황하고 있습니다.

다음 단계로 넘어가기 위해서는 오늘 배운 내용을 오늘 안에 소화해야 합니다. 그러지 않으면 내일 수업을 들을 수 없습니다. 이러한 수학 학습의 계열성은 학생이 수학을 포기하는 가장 큰 이유가 됩니다. 중간에 낙오되면 학습 궤도에 진입하기 위해 한참 전으로 돌아가야 하므로 대부분 따라잡으려는 시도보다 포기를 택하지요.

수업의 변화가 필요합니다. 성인인 교사가 수학을 가르치는 것만으로 학생의 학습이 이루어지지 않습니다. 학생이 자기가 가진 이전의 배경지식을 바탕으로 새로운 개념을 연결할 수 있을 때 그것을 자기 것으로 소화할 수 있습니다. 그래서 매 시간 이전의 배경지식을 복습해야 하고, 확장된 개념을 자기 것으로 소화하는 복습도 해야 합니다. 아무리 시대가 바뀌었어도 여전히 복습은 학습의 기본입니다. 수업의 시작은 학생이 가진 이전의 배경지식을 끄집어내는 것이어야 합니다.

그러나 무분별한 선행학습으로 탄탄한 개념 정리가 이루어지지 못하고 있습니다. 수박 겉 핥기 식 선행학습 진도 경쟁만 성행하고, 배웠지만 배운 것을 제대로 설명하지 못하고 궁극적으로는 학습이 아주 미약한 상태에 있는 학생들, 공부를 힘들어하는 학생들이 날로 늘어나고 있습니다. 유튜브 등을 통한 동영상 세대인 학생들에게는 동영상 보는 것이 학습의 기본 형태이므로 깊이 있는 학습이 이루어지기가 어려운 것이지요. 학생들은 종이와 연필 환경에 오래 머물지 못하고 자기 생각을 표현하지 못하는 이중고에 시달리면서도 동영상 시청을 넘어 진정한 학습으로 들어오지 못하는 것이 현실입니다.

수학 시간에만 조용해지는 학생들

초등학교 교실의 풍경이라고 하면, 학생들이 힘차게 손을 드는 장면이 떠오릅니다. 그런데 중고등학교에서는 이런 모습을 거의 볼 수 없습니다. 왜 이렇게 변할까요? 언제부터 학생들은 손을 들지 않을까요? 갈수록 호기심이 사라지기 때문일까요?

혹자는 요즘 학생에게 호기심이 없어서 걱정이라고 합니다. 수업 시간에도 뭘 알려고 하지 않는다며 한탄하지요. 의욕이 없다고 합니다. 아무것도 하지 않으려 하고, 공부를 포기한 학생 때문에 수업이 힘들다고 합니다.

수학을 포기했다고 하는 학생은 정말 수학을 포기했을까요? 학생들의 호기심은 정말 사라져 버렸을까요? 알고 싶고, 공부하고 싶은 마음이 정말 없을까요? 쉬는 시간의 교실 풍경, 체험 활동에 참여하는 모습은 어떤가요? 수학 수업이 아닌 다른 과목의 수업 모습은 어떨까요?

실제 수업 컨설팅을 나가 살펴보니 수학 시간에 엎드려 자던 학생들이 다른 수업에서는 반대로 리더가 되어 활동하고 있었습니다. 모두가 놀랐더랬지요. 수학교사는 특하나 더 놀라더군요. 수학 시간에 조용히 있던 학생이 국어 시간에는 그룹 토론을 주도했거든요. 왜일까요? 그 학생은 어떤 장면에서 잠을 깼던 것일까요? 수업에는 자기 주도적 발견을 위한 학습 활동이 들어가야 합니다. 자기가 처음 걷는 눈길이어야 걷고 싶은 호기심이 생깁니다. 어른들이 이미 걸어서 길이 나 버린 눈길은 걷고 싶은 호기심이 떨어지지요. 또 협력하고 서로 돕고 배려하는 과정을 포함하는 수업이어야 합니다. 능동적 참여가 이루어지지 않고 수동적으로 조용히 앉아 듣기만 한다면 호기심이 생길 수 없습니다.

호기심과 질문은 인간 생존에 불가피한 요건입니다. 유아기의 아이들은 왕성한 호기심을 가지고 '왜'라는 질문을 끊임없이 던집니다. 아이들은 탐구 정신과 호기심을 타고납니다. 다만 우리 교육이 그걸 살리지 못할 뿐입니다. 학교는 교육을 통해 모든 학생이 질문과 호기심을 발판 삼아 한층 더 성장할 수 있도록 도와주는 곳입니다. 학교는 학생을 줄 세워 갈라놓는 곳이 아니라 타인과 협동하는 기쁨을 다 같이 즐길 의무를 가르치는 곳이 되어야 합니다.

요즘 학생에게 호기심이 없다고 한탄함으로써 문제의 원인을 학생에게 돌리려는 것은 아닌가요? 수업이 힘든 탓을 학생들에게 넘기고 싶은 것일 수 있습니다. 하지만 호기심 없는 학생이 문제가 아니라 호기심을 불러일으키지 못하는 수업 운영이 문제일 것입니다.

말이 아닌 침묵으로 가르치기

핀켈의 『침묵으로 가르치기』에서는 '말로 가르치기'와 '침묵으로 가르치기'의 2가지 교수법이 대립을 이룹니다. 저자인 핀켈은 말로 가르치기가 잘못된 방법이라거나 필요가 없다고 주장하는 것이 아닙니다. 핀켈은 듀이의 이론 가운데, 생각이나 개념은 다른 사람에게 전달할 수 없다는 주요 원칙을 인용합니다. 교사는 침묵하고 책(교재, 과제)과 친구와 활동지가 먼저 말하게 하라는 것이지요.

아울러 핀켈은 수업 시간에 다루는 소재(과제)를 좋은 것으로 골라야 함을 강조합니다. 결국 수업의 성공은 그날 다루는 소재 또는 과제에 달렸다 해도 과언이 아닙니다. 교사의 역할과 태도 역시 중요합니다. 핀켈이 말하는 교사의 역할입니다.

첫째, 교사는 말로 가르치지 않고 탐구할 과제만 제시한다.

둘째, 학생은 교사의 설명을 듣고 배우는 것이 아니라 직접 과제를 고민하면서 배운다.

셋째, 학생이 적극적 자세로 과제를 고민하면서 배운다면 교사가 말로 가르치지 않을 수 있다.

좋은 과제를 만드는 데 성공한 교사는 그 과제의 의미와 해결 방안을 알고 있다 하더라도 다음 2가지 이유에서 그 내용을 학생에게 말해 주면 안 됩니다.

첫째, 좋은 과제라면 그 깊은 뜻을 한 번에 알아내기가 쉽지 않고, 꼭 정해진 정답이 없을 수도 있습니다. 깊이 있게 고민한다면 교사보다 더 그럴듯한 해결책을 내놓는 학생이 나올 수 있습니다. 교사가 미리 해석하고 정리해 주면 학생 스스로 알아낼 수 있는 이런 소중한 기회를 빼앗는 셈이 됩니다.

둘째, 과제의 의미를 말로 쉽게 가르칠 수 있다면 그 과제는 좋은 과제라고 보기 어렵습니다. 좋은 과제는 자기주도적인 활동과 협력 활동 등을 통해서 그 의미를 더 깊이 깨달을 수 있어야 합니다.

이런 과제를 만든 교사는 침묵으로 가르칠 수 있습니다. 학습 활동을 이끌어 줄 때만 말하고, 나머지는 과제가 말하게 하는 것이지요.

   과제의 답을 학생 스스로 찾을 때까지 알려 주지 않으려는 교사를 본 적이 있다. 2006년 경남 진해에서 제5회 한일중등학교 수학수업연구회가 열렸다. 이틀간의 일정 중 마지막 순서였던 일본 교사와 한국 고등학생의 수업에서 미처 과제를 다 해결하지 못한 채 수업 시간이 종료되었다. 한국 학생들은 일본 교사에게 다시 만날 기회가 없으니 답이라도 알려 달라고 요구했다. 이때 일본 교사가 거절하면서 남긴 말이 아직 귀에 쟁쟁하다.

   "나는 오늘 떠나니 여러분과 이 과제를 끝까지 같이 해결하지 못하는 게 아쉽지만 답을 알려 주지는 않겠습니다. 내가 답을 알려 주지 않는다면 여러분 중 몇 명은 계속 도전하여 이 과제를 해결하려고 주도적인 노력을 할 것입니다. 그러나 만일 내가 답을 지금 알려 준다면 아무도 이 과제에 더는 도전하지 않을 것입니다."

미국 수학교사 마이어도 『아이들이 가진 생각의 힘』에서 비슷한 말을 남겼습니다.

가르침은 주로 듣는 것이고 배움은 주로 말하는 것이다. 학생이 먼저, 교사는 그다음이다.

원활한 수업을 위한 2가지 방법

핀켈의 철학을 정리하면, 교사는 수업 시간에 말로만 가르치려 하지 말라는 것입니다. 수업 진행에 관련된 어느 정도의 말은 필요합니다. 그리고 이론적인 설명과 정리를 위해서 말로 가르쳐야 하는 시간도 있습니다. 그러나 수업의 기본 철학은 학생의 학습 활동이 먼저 이루어진 다음, 교사는 나중에 나선다는 것입니다.

그러기 위해서는 수업 전에 준비를 철저히 해야 합니다. 교사가 해야 할 가장 큰 일은 괜찮은 과제와 질문을 만드는 일입니다. 잘 만들어진 기존 자료를 이용할 수도 있지만 때로는 독창적으로 과제를 만들어야 합니다. 학생들의 학습을 위해 활동지를 만들어야 할 수도 있습니다.

원활한 수업 진행을 위해서는 학생의 상태를 파악하는 것이 중요한데, 이때 2가지 방법을 사용할 수 있습니다. 그중 한 가지는 시간적 여유가 충분한 경우에 사용할 수 있는 방법으로, 수업 며칠 전에 과제를 주고 그 과제에 대한 학생의 생각을 미리 체크하는 것입니다. 숙제를 미리 걷는다고 생각하면 되겠지요. 각 학생의 생각을 정리하면 어떻게 의사소통하게 할지 구상할 수 있고, 그 구상대로라면 한 시간의 수업이 물 흐르듯 진행될 것입니다. 그러나 이 방법은 교사의 여가 시간을 많이 빼앗는다는 단점이 있습니다. 대신 쓸 수 있는 방법은 수업 시간 처음 10분 정도, 또는 필요하다면 그 이상의 시간을 학생의 다양한 생각과 질문을 모으는 데 쓰는 것입니다. 어쨌든 학생의 상태를 파악한 이후에 학생의 생각을 끌어내는 질문을 구상하여 수업을 진행하는 것이 기본이지요.

수업 전반부에 학생들의 상태를 파악하는 데 할애하는 시간은 결코 아까운 것이 아닙니다. 진도 나가기에 시간이 부족하다 하더라도 학생들의 상태를 모르면 모든 내용을 주입할 수밖에 없습니다. 하지만 학생들의 상태가 파악된다면 교사가 도와줘야 하는 부분이 확실히 줄어들므로 오히려 진도를 더 많이 나갈 수 있습니다. 중요한 것은 무조건 주입하지 않을 수 있다는 점입니다.

Tip 미리 체크하지 않고는 수업할 수 없다

수업에 대한 철학을 바꾸고 제대로 수업할 수 있다고 판단했을 당시 필자는 일반고에 근무 중이었다. 고등학교 1학년 4개 학급을 대상으로 하는 4단위 수업이었으므로 매일 4개 반의 수업이 있었다고 생각할 수 있다. 매 수업의 마지막 10분을, 형성평가와 같은 개념으로 그날 학습한 상태를 판단할 수 있는 두 문항을 주고 풀게 하는 시간으로 할애했다. 하루 네 학급을 담당해야 하는 빡빡한 일정이었지만 쉬는 시간, 점심시간은 물론 방과 후까지 남아서 각 학급에서 걷어 온 2개 문항을 체크하고 이 중에서 공유할 가치와 의미가 있는 아이디어를 낸 학생을 4명 정도 선정하여 다음 시간 전반부 20분 동안 전체 공유와 토론을 진행했다. 실제 진도를 나간 수업 시간은 20분 남짓이었다. 학생들에게 30분(문제 풀이 10분+공유 20분)을 할애했기에 20분 동안 강의식 수업으로 진도를 나갔다. 반응은 폭발적이었다. 매 시간 핵심 개념을 담은 문항에 대한 피드백이 이루어지니 중간에 남은 20분만으로 진도를 나가는 것이 어렵지 않았고, 학생들의 수업에 대한 집중력 역시 놀랄 만큼 좋아졌다. 지금도 만나는 당시 제자들은 한결같이 그 수업을 기억하고 있다. 빡빡한 일정이었지만 학생들이 매 시간 성장하는 모습에 힘든 줄 몰랐다.

이후 과학고로 가서는 부장을 맡은 덕에 주당 1단위 수업을 했고, 이런 수업을 힘들지 않게 실행할 수 있었다. 과학고에 이런 수업을 하는 교사는 거의 없었다. 매 수업 후 다음 시간에 진행할 과제를 제시하고 1~2일 후에 걷어서 여유 있게 확인하며 다음 시간 수업을 진행할 학생들을 선정했다. 학생들이 수업을 진행하면서는 교사가 부족한 부분만 짧게 개입하는 형태의 수업이 이루어졌다. 학생들의 상태를 미리 체크해 본 수업을 한번 진행하고 나면 절대로 일방 주입식 강의를 할 수가 없다.

제2장

미래를 향한 교수법

교과서에서 벗어난 3단계 활동 수업

'사고력 향상을 위한 수학교육'이 이루어지기 위해서는 교육과정뿐 아니라 수학 수업도 구조적으로 변화할 필요가 있습니다. 기존의 수학 수업은 대부분 교과서 형식을 따라 '개념 설명 – 예시 문제 풀이 – 개인별 문제 풀이'의 3단계 구조로 운영되는데, 교과서나 문제집의 문제를 푸는 것 외에 다양한 수학적 협력 활동이나 프로젝트 수업 등을 통해 사고력 향상을 이끄는 방향으로 수업의 초점이 바뀌어야 하는 것입니다.

손우정은 『배움의 공동체』에서 일본 배움의 공동체 운동을 전개한 사토 마나부가 제시한 '주제 – 탐구 – 표현'의 수업 형태를 대안 중 하나로 소개했습니다. 이런 수업이 진행되려면 수학 시간에 학생들이 배우는 내용과 푸는 문제의 양을 과감히 줄이고, 문제를 제시하고 해답을 요구하는 지필 고사 등의 평가보다 수업 과정 전반에서 일어나는 학생의 수행 활동 등을 평가하는 과정 중심 평가를 늘리는 등의 변화를 시도할 필요가 있습니다.

'Less is More 적을수록 좋다'라는 말이 있습니다. 소수의 정말 중요한 내용과 고차원의 수학적 사고 기능을 선택하고, 내용과 각 영역을 연결할 수 있는 핵심 아이디어에 집중하여 학습의 전이 효과를 노리는 전략입니다. '선택과 집중'의 전략이지요.

수업의 주도권을 누가 쥘 것인지에 대해서도 고민해 봐야 합니다. 우리나라에서는 거의 모든 수업이 교사의 주도 아래 이뤄집니다. 교사가 주도하는 일방적인 주입식 수업에서 과연 그 학습 효과가 잘 나타날까요? 학생 참여 비율 확대 방안을 강구해야 합니다. 수업 시간에 가급적 학생이 활동할 수 있도록 시간과 공간을 마련해 줘야 합니다. 직접 참여하지 않으면 수업은 지루할 수밖에 없고, 흥미 또한 생길 수 없습니다. 이때 각 활동은 반드시 학생의 수준에 맞는 것이어야 합니다.

수학 수업을 통해 사고력을 신장할 수 있는 분위기를 조성하는 것도 중요합니다. 이를 위해서는 수업 진행이 빠르면 안 됩니다. 느린 진행, 기다려 주는 여유가 절실합니다. 빠르게 진행되는 수업은 학

생이 수학을 따라오지 못하게 만들어 수학에 흥미를 잃게 하고 결국
포기하게 만드는 결정적인 원인이 됩니다.

수업은 다음과 같이 3단계로 진행하는 것이 기본이며, 상황에 따
라 적절히 변형할 수 있습니다.

① 활동적 배움(개별 학습)

수업의 시작은 자기주도적 학습입니다. 텍스트, 활동지, 과제,
사물, 교구 등 다양한 수업 소재를 자기주도적으로 접함으로써 동
기, 의욕, 필연성을 높이는 것으로 수업은 시작됩니다. 학생들은 보
통 수업이 시작되고 5분 동안은 뭔가 기대에 차 있습니다. 따라서 이
때 그날 수업할 내용에서 매력을 느끼지 못하면 이후부터는 수동적
으로 행동할 가능성이 큽니다. 대단치 않은 사소한 사물이 학생에게
배울 필요성을 느끼게 하고 배워야겠다는 의욕을 불러일으킬 수 있
습니다. 또 구체물을 조작하는 것은 답을 찾는 데 도움이 되고, 자기
생각을 설명하는 도구가 되어 주기도 합니다. 피아제가 얘기했듯이
구체적 조작물에 의한 도구적 사고를 배움 속에 넣어 가는 것은 학생
의 발달 단계에서 중요한 과정 중 하나입니다. 논리적으로 생각하여
알 수도 있지만 꼼꼼한 조작 활동을 통해 앎에 이르고, 구체물에 감
정을 이입하는 학생도 많습니다.

개별 학습에서는 과제를 정확하고 반복적으로 접하는 것이 중요
합니다. 교과서나 주어진 과제를 읽고 스스로 사고하는 과정이 배움

을 만들어 냅니다. 타인을 만나기 전에는 자기의 과제 수행 상태를 정확히 파악하는 것이 중요합니다. 모르는 부분을 알아야 궁금증이 생기고 기대감을 갖습니다.

이렇게 이루어지는 개인 활동에는 개인차가 존재하게 마련입니다. 학습 준비 상태가 저마다 다르므로 개인차를 극복하고 보다 넓은 사고를 경험하게 하는 데는 그룹 활동이 좋은 장치가 됩니다. 특히 어려운 과제, 도전적인 과제를 제시할 때 개인 활동을 생략하고 바로 그룹 활동을 시도하는 방법을 고려해 볼 수 있지만 가급적 개인 활동에 1~2분이라도 할애하는 것이 바람직합니다.

② 협력적 배움(그룹 활동)

교사 혼자서 다수 학생의 개인차를 극복하고 각 학생에 맞는 과제와 활동을 구성하는 것은 불가능하기도 하지만 효율적이지도 않습니다. 그렇다고 모든 학생에게 똑같은 과제를 제시하는 것도 바람직하지 않습니다. 학생을 두세 단계로 구분하고 그에 맞는 과제를 각각 제시하는 것이 바람직한 대안이 될 수 있습니다. 모둠에는 토론이 필요한 비교적 높은 수준의 문제를 제시합니다.

학생에게 있어서는 친구와 서로 이야기하는 행위가 배우는 즐거움으로 이어지기도 합니다. 모둠은 4명으로 구성하는 것이 의사소통하기에 가장 적절합니다. 또한 남녀 혼합이 기본 구성인데, 모둠에서는 여학생이 대화를 주도할 가능성이 크므로 가급적 여학생을 대각선으로 앉히면 남학생을 그룹 대화에 참여하도록 유도하는 데 도움이 됩니다. 보통 여학생이 대화를 진행하면서 남학생과 조화를 이루면 성공적인 그룹 대화가 일어날 가능성이 큽니다.

모둠 활동은 잘 모르는 내용을 친구에게 가르쳐 달라고 청해 보는 기회가 되기도 합니다. 질문을 받은 학생에게는 확실한 대답을 줘야 한다는 책임이 지워지지요. 그런데 이때 모둠 안에서 문제를 해결한 학생이 해당 과제에 별 관심이 없거나 잘 모르는 친구를 억지로 수업에 끌어들이는 것에는 주의해야 합니다. 더욱 큰 반감을 살 수 있기 때문입니다. 친구가 도움을 요청한 것이 아니라면 먼저 가르치려 하지 않는 것이 모둠 활동의 기본자세입니다.

정리하자면, 소집단 활동으로 이뤄지는 협력적인 배움에서는 모든 학생이 가볍게 자신의 의견을 말할 수 있고 배움에 참가할 수 있으며, 다양한 사고방식을 서로 조정하거나 새로운 생각을 협력하여 이를 배움으로 발전시켜 나가게 됩니다.

또 하나의 특징은 도움이 필요할 때 친구에게 물어볼 수 있다는 점입니다. 교사가 개별적으로 지도할 수 있는 학생 수는 한정되어 있습니다. 따라서 과제를 먼저 이해한 학생이 이해가 느린 친구를 도와주게 되면 학급 전체의 학력이 신장하는 결과를 얻을 수 있습니다. 곧, 그룹 활동은 학급 내에 작은 교사가 그룹별로 최대한 많이 생겨나도록 하는 장치라고 이해할 수 있습니다.

이때 교사는 가급적 개별 질문을 받지 않고 모둠 안 친구들에게로 질문을 돌려야 합니다. 그리고 모둠 활동을 방해하는 학생을 조용히 타이르고, 정상적으로 활동하지 못하는 모둠이 발생하지 않도록 멀리서 관찰하는 위치를 유지하는 것이 좋습니다.

> ## Tip   그룹 활동 50퍼센트 완성론
>
> 학생 활동 중심의 수업에서는 그룹 활동에 배정하는 시간과 그룹 활동 중 교사의 역할이 중요하다. 모든 그룹이 주어진 과제를 충분히 해결하도록 배려하면 시간이 오래 걸리고 빨리 끝낸 그룹에서 지루하며 딴짓을 하는 학생이 생길 우려가 있다. 그래서 적절한 타이밍을 잡는 것이 중요한데, 보통은 절반 정도의 그룹이 과제를 마쳤다고 판단될 때 그룹 활동을 중단하고 표현 활동으로 넘어가면 된다. 그리고 미진한 그룹은 전체 공유 시간에 부족한 부분을 채우도록 경청의 사회 문화를 만들어야 할 것이다.
>
> 그룹 활동을 하는 동안 교사의 위치와 역할을 생각해 보자. 그룹 활동을 하는 동안 교사는 그룹 사이를 아무런 의미 없이 순시하는 경우가 많다. 그런데 주어진 과제가 잘 해결되지 않을 때 교사가 옆에 있으면 학생들은 반드시 교사를 붙잡는다. 그리고 교사는 그 아이를 개인적으로 지도하게 된다. 그러면 그룹 내 대화가 단절될 수 있어 결국 교사가 그룹 활동을 방해한 꼴이 된다. 때로는 학급에서 가장 처지는 학생에게 가서 별도의 도움을 주기도 하는데, 이런 행위는 그룹 활동에 대한 시간 조절과 전체 분위기 파악을 방해하는 결과를 낳는다.
>
> 스미스와 스테인의 『효과적인 수학적 논의를 위해 교사가 알아야 할 5가지 관행』(이하 『5관행』) 이론대로라면 그룹 활동을 하는 동안 교사는 각 그룹의 과제 해결 과정을 점검하고, 그중 표현 활동으로 이어 갈 그룹

및 그 그룹 내 발표자를 선정하고, 발표 순서를 정하는 계열짓기까지 해야 하므로 이것만으로도 정신이 없을 것이다. 학생에게 개인적으로 도움을 줄 겨를 역시 없다.

개인적으로 도움을 요청하는 학생은 그룹의 다른 학생에게 도움을 청하도록 수업 문화를 형성해 가야 한다. 그리고 그룹 활동 시간에 교사는 교실 밖에 있는 것과 마찬가지 상태인 것으로 생각하고 전체적인 시간 진행과 이후의 수업 구상에 전념해야 한다.

③ 표현적 배움(발표와 의사소통)

그룹 활동 후 발표를 하는 과정에서 자신의 생각만을 발표하는 학생이 많습니다. 학기 초에 열리는 오리엔테이션에서 그룹 발표 시 친구의 도움을 받거나 그룹에서 논의한 내용에서 본인의 생각을 만들어 내는 과정을 표현하는 문화를 형성하도록 일러두어야 하겠습니다. 개인적인 발언만으로 학습에 기여하는 데는 한계가 있습니다. 교사와 학생의 일대일 수업으로 끝날 가능성이 크지요. 배움의 질을 높이기 위해서는 교사와 학생을 이어 주는 날실로서의 지명과 학생의 반응에 더해 서로의 의견을 이어 주는 씨실로서의 발언을 연결하는 작업이 필요합니다.

그룹 활동을 마치면 교사는 그룹을 해체하여 전체 공유 형태로 만든 다음 발표를 진행합니다. 많은 수업에서 자리를 옮기는 것이 귀찮고 이후에 다시 그룹 활동이 이루어진다는 핑계로 그룹 활동의 좌석 배치 상태에서 발표를 진행합니다. 그러나 이때 활동이 아직 마무리되지 않은 그룹이 있다면 이들은 다른 그룹의 발표를 듣지 않고 여전히 자기 그룹 활동에 머무는 일이 생길 수 있습니다. 따라서 의자 배열을 재정비하는 것으로 확실하게 그룹 활동의 종료를 선언해야 미처 해결하지 못한 부분을 다른 그룹의 표현 활동을 통해 학습할 수 있습니다.

표현에 대해서 우리는 큰 목소리로 활기차게 표현하거나 적극적으로 손을 들면 '표현적인 배움'이 이뤄진 것으로 오해하기도 합니다. 표현적인 배움은 '표현의 공유'입니다. 표현의 공유란 타자의 표현을 경청하고 거기에 자신의 생각을 비추기도 하면서 서로 배워 나간다는 의미입니다. 모놀로그_{독백}가 아닌 다이얼로그_{대화}를 의미하지요.

표현의 공유는 소집단 활동에서도 이뤄지지만, 특히 전체 공유의 시간을 표현 공유의 장으로 활용하기를 권합니다. 협력적인 배움의 목표는 다른 사람의 생각을 듣고 자신의 생각을 보충하거나 발전시키는 것이지, 모둠에서 하나의 생각으로 의견을 정리하는 것이 아니거든요. 최초 개별 활동에서 얻은 생각과 모둠 활동에서 정리된 생각, 모둠에서 나온 다른 생각, 그리고 최종적으로 정리된 생각 등을 발표하는 것이 바로 다이얼로그입니다.

그룹 편성의 딜레마

모둠 활동을 위한 그룹을 편성할 때 정말 고민이 많습니다. 그만

35

큰 방법이 다양합니다. 크게는 인위적으로 그룹 안에 리더를 하나씩 세우느냐, 아니면 임의로 편성하느냐로 구분되지요. 학생들의 입장에서 각각의 장단점을 정리해 보겠습니다.

구분	장점	단점
인위적인 편성	• 각 모둠이 답을 구할 가능성이 크다. • 하위권 학생이 상위권 학생에게 배울 기회가 늘어난다.	• 모둠원이 리더에게 의존할 가능성이 크고, 무임승차하는 학생이 많아질 수 있다. • 순위가 정해져 있으므로 토론이 동등하게 이뤄지기 어렵고, 하위권 학생은 수동적인 태도를 보일 수 있다.
임의적인 편성	• 그룹 안에서 특정 학생에게 의존하지 않고 각자 문제를 해결하려는 협력 형태가 많이 나타난다. • 하위권 학생 위주의 그룹에서 새로운 리더가 만들어진다.	• 하위권 학생으로 이뤄진 그룹은 답을 구할 가능성이 작다. • 하위권 학생이 상위권 학생에게 배울 기회가 줄어든다.

성적 등을 고려하여 그룹 안에 리더를 세우는 경우가 가장 보편적일 것 같지만, 임의 편성하는 경우가 점차 늘어나고 있습니다. 교사의 편의성 입장에서 보면 인위적인 편성을 선택하고 싶은 것이 사실입니다. 그리고 하위권 학생이 수동적인 태도를 나타내는 것을 보면서도 어찌할 수 없는 것으로 눈감고 넘어가는 경우가 많지요. 진도의 압박을 받을 때라면 더욱 인위적인 편성의 유혹을 뿌리치기 어렵습니다.

반면 하위권 학생들에 대한 믿음이 있고 이들을 수업에 참여시킬 노하우가 충분한 교사는 임의적인 편성을 선호합니다. 하위권 학생 위주의 그룹이라도 한두 주 지나면서 협력의 필요성을 절실히 느끼게 되면 리더가 만들어집니다. 이런 리더의 출현은 인위적인 편성에서는 거의 볼 수 없는 현상입니다. 뒤처지는 아이들에 대한 갑갑함과 미안함도 잠시, 새로운 리더의 출현과 협력 활동의 활발함을 보는 교사의 보람이 눈에 보입니다.

'무지한 스승' 실험

대학교에서 '생활 속의 수학'이라는 교양 강좌를 강의한 적이 있습니다. 수강생은 건축학과, 전기·전자공학과, 기계공학과, 토목공학과 등 공대생도 있었지만, 경영학과, 경제학과 등 경영대생과 회화과, 산업디자인과 등 미대생도 함께 수업을 들었습니다. 이들은 같은 대학교에 다니지만 이미 수학에 있어서는 수준 차이가 많이 나는 상태였지요. 이들에게 어떻게 강의를 진행해야 모두 이해하고, 만족할 수 있을까요?

모두가 이해하고 만족하는 수학 강의는 없습니다. 다만, 이산수학은 배경지식이 덜 필요하니 그나마 가능할 것 같았습니다. 역시나 이전 강의 계획서에서도 영화 속의 수학, 소수素數의 세계, 암호학, 게임 이론 등 이산수학의 소재를 주로 다루고 있었습니다. 무엇보다 강좌 이름이 '생활' 속의 수학인 만큼, 이산수학이 가장 적합한 소재가 될 수 있었습니다.

그렇지만 자크 랑시에르의 '무지한 스승'을 실험해 보고 싶은 마음이 있었습니다. 무지한 스승의 역할은 가르쳐야 하는 내용을 정확히 그리고 자세히는 모르지만 학생이 스스로 탐구하고 발견해서 이해하고 터득하도록 돕는 것이었습니다. 이내 실행에 옮겨 보기로 결심했습니다. 주 교재로는 수학 책이 아닌『생각의 탄생』이라는 인문 교양서를 선택했습니다. 저자인 루트번스타인 부부가 정리한 창조적 생각도구 13가지를 이해하고, 그로써 생활 속의 수학을 이해하는 눈을 기르는 것이 학습목표였습니다. 그리고 공대생이 생각하는 생활 속의 수학은 경영대생이나 미대생의 그것과는 분명 다를 테니 어떻게 해야 각자가 원하는 수학을 학습하게 할지 고민하기 시작했지요.

『생각의 탄생』을 주 교재로 택한 것은, 수학을 공부하는 이유가 수학 지식을 이해하기 위해서라기보다 창조적 사고력을 키우는 데 있다는 사실을 늦게나마 깨닫게 해 주기 위해서였습니다. 특히 그 책에서 다루는 생각도구는 13가지였고, 대학의 강의는 15주였기 때문에 처음 시작과 끝만 책임지면 나머지 13주는 책이 책임질 것이라는 생각도 주요한 이유가 되었습니다.

이제 활발한 토론을 통해 자기주도적으로 지식을 구성하는 구성주의 교육철학의 모습을 구현하기 위하여 그에 적합한 수업 디자인을 구상하기 시작했습니다. 활발한 토론을 위해서는 토론 과정이 주된 평가 요소가 되어야 하므로, 토론에 가장 많은 점수를 부여하고, 중간고사와 기말고사로 대변되는 지필 고사는 폐지했습니다. 대학까지 와서 교수가 불러 주는 지식을 받아 적기 바쁜 수업 장면에 대한 반항이었지요. 교육과정과 평가가 일치하지 않는 우리나라의 현실에 대한 비판 의식도 있었고요.

생각도구 9. 차원적 사고

1. 개인 발표(설명해 주세요)

** 해당되는 사람은 발표를 준비해 주시기 바랍니다. 발표는 구두로 설명하는 것을 기본으로 하고, 필요시 칠판을 이용하며, 꼭 필요할 때만 컴퓨터 등의 자료를 사용합니다.

(노OO) 수학을 공부한다는 것은 차원적인 사고를 할 수 있는 도구를 습득해 나간다고 생각했네요. 왜 그렇게 생각했는지를 자세히 설명해 주세요. 그리고 차원적인 사고를 할 수 있는 도구를 습득하는 다른 방법은 무엇인지도 고민해서 말씀해 주세요.

(박OO) 차원적 사고의 범위를 한정시키지 않는다면, 진법 체계 역시 차원으로 인식될 수 있다는 말은 무슨 뜻인가요? 특히, 자연 상수 e의 값과 p_n진법에 대해서 자세히 설명해 주세요.

교양 강좌 '생활 속의 수학' 수업 자료 예시

자기주도적 학습을 위해서는 사전 개별 활동이 필요했습니다. 그래서 『생각의 탄생』에 나오는 13개 생각도구를 매주 하나씩 읽고 한쪽 내외의 비판문을 작성해 강의 4일 전까지 제출하게 했습니다. 자세히 읽지 않고 숙제를 하거나 인터넷에 떠도는 다른 사람의 글을 무작정 베껴 쓰는 일을 막기 위해 비판문에는 책 내용에 대한 요약을 지양하고 교재에 없는 자기만의 생각과 질문을 쓰도록 했습니다. 이

부분은 초중고 수업으로 말하면 예습에 해당하며, 학생의 생각을 끄집어내는 과정입니다.

그리고 강의 4일 전에 받은 40명의 글을 분류하고 재구성한 후 실명제 강의 자료를 만들어 강의 전날 재배포했습니다. 학생들은 그 자료를 읽고 수업에 참여해야 했습니다.

이러한 활동은 참여와 자존감을 위한 것이었습니다. 두 시간 강의는 4인조 토론(그룹 활동), 결과 발표(표현 활동)의 순서로 진행되었습니다. 이 강의에 나타난 3단계 학생 활동(개별 활동 → 그룹 활동 → 전체 표현 활동)은 우리나라 혁신학교의 시초라고 볼 수 있는 일본 사토 마나부 교수의 배움의 공동체에서 진행되는 전형적인 지식 습득 과정을 구안한 수업 형태였습니다.

10개 조의 발표가 끝나면 두 시간이 흘렀고, 필자는 개입을 하거나 보충 설명을 할 시간이 없었습니다. 5주가 지나면서 강의 진행 피드백을 위한 설문 조사를 했더니 '수학'에 대한 갈급함이 나타났습니다. 기회였지요. 수학을 갈급하게 찾을 때 강의를 하면 100퍼센트 효과가 있을 것이었으니까요.

하지만 또 참았습니다. 여기서 수학 강의를 시작하면 지양하고자 한 일방적 강의식 수업과 다를 바가 없었습니다. 그래서 숙제를 바꾸기로 했습니다. 매주 나오는 생각도구와 관련이 있는 수학을 찾아내서 그에 대해 써내도록 했습니다. 그걸 정리해서 강의 자료로 나눠 줬고, 필요한 경우에는 해당 과제를 제출한 학생이 나와 설명하게 했습니다. 그리고 필자는 필요한 부분에서만 강의를 조금 했습니다. 그렇게 총 3회 정도 수학 강의를 했습니다.

강의를 마치는 날 학생들에게 이전 강의와 이번 강의에서 거론된 수학 내용을 비교해 보여 줬습니다. 놀라운 것은 이전에 이루어진 주입식 강의에서 다뤘던 주제의 90퍼센트 정도를 이번에는 학생 스스로가 발굴하고 토론했다는 점이었습니다. 더욱 놀라운 것은 강사인 필자가 『생각의 탄생』을 읽지도 않은 상태에서 이 강좌를 마쳤다는 사실이었습니다. 그렇지만 학생들은 마지막 보고서에서 13가지 생각도구 사이의 관계를 연결하는 구조를 만들어 냈고, 생각도구와 생활 속 수학을 나름 연결하는 발전을 이루어 냈습니다. 모든 학생이 어려운 수학을 훌륭하게 이해한 것은 아니지만, 이전에 비해 수학적 사고력이 풍부해지고, 수학에 대한 인식에 긍정적인 변화가 생겼다는 사실 하나만으로도 이 강좌의 목적은 달성한 것으로 생각되었습니다.

『무지한 스승』이라는 책을 읽으며 언젠가 꼭 실험해 볼 것이라 생각했던 무지한 스승 실험을 이렇게 성공적으로 마쳤습니다. 그리고 이 실험을 통해서 사범대 커리큘럼에 대한 필자의 생각을 주장할 수 있는 근거를 마련했습니다.

미국의 사범대 수학교육과에 다니는 한 교포 학생이 한국과 미국의 수학교육과 커리큘럼 차이를 두고 질문을 한 적이 있습니다. 미국에서는 순수 수학보다 수학교육, 특히 순수 교육학 강의를 많이 듣고 교직에 나가는데, 한국의 수학교육과에서는 수학교육보다 순수 수학 강의가 70퍼센트 이상을 차지하니 둘의 수학 실력 차이가 크다는 것이었지요. 그러면서 미국의 수학교사는 수학교사로서 문제가 있는 것이 아니냐고 물었습니다.

명확히 어느 쪽이 더 좋다고 답하지 않았습니다. 다만, 한국 교사는 어려운 수학 문제를 잘 풀 수 있고 수학적 지식을 많이 갖췄을 것이고, 미국 교사는 교수법이 뛰어나기 때문에 학생이 수학을 발견하도록 유도하는 데 유리할 것이라고 대답했습니다.

사실 속으로는 미국의 수학교육과 커리큘럼이 더 훌륭한 교사를 양성할 수 있다고 생각했습니다. 한국의 수학교육과 커리큘럼에는 전공 수학이 너무 많습니다. 많이 배워서 나쁠 것은 없지만 상대적으로 수학교육 이론, 특히 교육철학이나 심리학, 교수법 등이 소홀해지는 점은 문제가 됩니다. 임용 고시의 당락을 좌우하는 것은 전공 수학 실력입니다. 교수법이 충분해도 전공 실력이 부족하면 떨어지는데, 교수법이 부족해도 수학 실력이 충분하면 임용될 수 있다는 말이지요. 교수법을 전혀 평가하지 않는 것은 아니지만 당락에 미치는 영향력은 없는 것이 사실입니다. 왜냐하면 평가하는 사람들이 교수법을 잘 알지 못하기 때문입니다. 그래서 한국의 수학 수업을 보면 교수법에서 많은 문제가 발견됩니다.

무지한 스승은 그런 면에서 매력적이었습니다. 그날 배워야 할 수학 내용을 하나도 직접 가르치지 않으면서 학생은 스스로 더 깊은 정도까지 이해하게 만드는 교사가 무지한 스승입니다. 수학 개념을 일일이 주입식으로 설명하는 우리나라 교육 문화에서는 이해할 수 없는 대목이지요. 가르쳐도 모르는 걸 가르치지 말라고 하다니요.

그런 수업은 대학에서나 가능하지 않을까 생각하는 사람이 많습니다. 그런데 사실 대학에서도 이런 수업은 좀처럼 이루어지지 않습니다. 몇 개 대학에서 강의를 할 때마다 강의 녹음, 받아 적기, 암기하는 모습으로 점철된 대학생의 학습 자세가 그렇게 안타까울 수 없었습니다. 이번 강의를 함께한 40명 역시 이런 토론식 강의는 모두 처음 접해 본다고 말했습니다. 그리고 그중 몇 명은 졸업하는 마지막 학기에 이런 경험을 하게 되어서 그나마 대학 생활에 좋은 추억을 갖게 되었다고 했습니다. 이러한 수업은 이제 혁신학교를 비롯하여 일반 중고등학교에서도 많이 시도되고 있으며, 더불어 성공 사례도 점차 증가하는 상황입니다.

Tip 과학 수업 사례

지구가 둥글다는 것을 설명하는 학설이 4개쯤 된다고 한다. 한 과학교사가 8개 그룹을 만들고 각 그룹에 네 학설 중 하나를 맡아 조사하는 활동을 맡겼다. 그리고 수업 시간에 그룹별로 발표 수업을 진행했다. 늘 그렇듯이 발표 내용이 미흡하고 어설퍼서 교사가 보충 및 정리 설명을 하려고 했는데, 시간이 부족한 탓에 아무 설명도 못 하고 바로 형성평가를 치르게 되었다. 그런데 교사가 멋있게 만든 수업 자료로 완벽히 설명해 줬던 예전 수업 후에 치른 형성평가보다 이번 시험의 점수가 훨씬 높게 나왔다. 이에 교사는 존재감이 상실되는 느낌을 받았다.

교사의 존재감은 주입식 설명을 통해 생기는 것이 아니다. 밤새 수업을 준비한 교사라면 그걸 티 내기 위해 뭔가 꼭 한마디라도 하고 싶은 것이 사실이다. 랑시에르는 『무지한 스승』에서 교사는 유식하면 안 되고 무지해야 한다고 주장한다. 그래서 무지한 스승이 되라고 한다. 교사가 유식하면 자꾸 가르치려 드니까, 역설적으로 공부를 하지 말라는 것이다. 하지만 무지한 스승은 사실 평범한 스승이 아니다. 우리 옛말에도 하나를 가르치면 열을 깨닫게 하라는 말이 있다. 랑시에르는 직접 가르치지 않아도 가야 할 길을 알아서 가게 만드는 것이 무지한 스승이라고 설명한다. 문일지십聞一知十 또는 교일지십敎一知十이다.

5관행으로 수업하기

전통적인 수업 시스템에서 교사의 역할과 책임은 다음과 같이 정리할 수 있습니다. 우선 자기 생각을 분명하게 설명해야 합니다. 그날 학습할 내용과 학습목표를 분명하게 제시해야 하지요. 그리고 절차를 증명하여 학생이 이를 따라 하게 하고, 충분한 연습을 통해 절차를 빠르고 정확하게 수행할 수 있도록 해야 합니다. 우리 교과서에서 대부분 내용을 먼저 설명한 다음 적당한 예제로 시범을 보이고, 그 뒤에 비슷한 문제를 제시함으로써 학생이 모방을 통해 문제를 해결하도록 하는 방식이 이런 수업 형태와 전형적으로 부합됩니다.

많은 경우 수업에서는 학습목표를 칠판에 명시하고 수업을 한다. 전통적인 행동주의 철학에서 교사가 학습목표를 설명하고 학생은 거기에 따르도록 한 것이 그 시작이었다. 그런데 이제 구성주의 교육을 하는 시대가 되었는데도 여전히 학습목표를 명시적으로, 그것도 수업의 시작에서 밝히도록 강요받고 있다. 심지어 학생의 배움 중심 철학을 실천하는 수업 혁신학교에서도 이런 현상을 자주 볼 수 있다.

드물지만 학습목표는 암시되어야 한다고 생각하여 이를 실천하기 위해 수업을 디자인하는 수업 혁신학교가 있다. 이 학교에서는 수업 중간에 학생 입에서 학습목표가 나오면 수업하는 교사나 관찰하는 교사 모두의 입가에 미소가 흐른다. 마음속으로 '오늘 수업은 성공이다.' 하고 외친다. 이것이 자기주도적 학습의 한 단편이다.

전통적인 수학 교수법, 즉 교사가 개념을 설명하고 예제를 시범적으로 풀어 준 뒤에야 비로소 학생에게 모방의 힘을 발휘하여 교과서에 나온 비슷한 문제를 풀게 하는 교수법에서 벗어나 학생이 교과서나 활동지를 보고 친구와 같이 학습하는 과정에서 스스로 학습목표를 발견하는 것이 가능하도록 수업을 디자인하는 일이 교사가 밤새 준비할 일일 것이다.

이런 시스템에서는 학생의 발전 가능성을 신중하게 고려할 수 없습니다. 학생이 어떻게 이해하는지 확인할 수 없고, 중요한 반성적 사고와 의사소통을 허용하지 않으니까요.

수업을 준비할 때 가장 중요한 것은 학습목표를 잡는 일과 과제를 만드는 일입니다. 학습목표라고 할 수 있는 교육과정의 성취기준이 두루뭉술하고 교과 내용 중심적이므로 수학적 과정 또는 수학 핵심 역량을 첨가하여 보다 구체적인 학습목표를 세우는 작업이 필요합니다. 교과서의 과제가 괜찮으면 그냥 이용해도 되지만, 교과서 과제는 대부분 학생을 수업에 능동적으로 참여하도록 이끌 만한 것이 되지 못하고, 교사 중심의 행동주의 교육철학에서 만들어진 것이므로 그대로 쓰기에는 무리가 많습니다. 그래서 우리나라 여건에서는 학습목표와 과제를 재구성하는 것이 더 중요한 관건이 됩니다.

예를 들어 초등학교 6학년 수업을 위해 비의 성질을 학습하는 다음과 같은 과제를 골랐다고 합시다.

> 학교 뒷산의 나무에 새집 2개를 만드는 데 나무판이 5개 필요합니다.
> 새집 12개를 만들기 위해 필요한 나무판의 개수를 구하시오.

학습목표를 상세하고 정확하게 재진술하고 거기에 맞는 과제를 만들었으면 이제 교사는 『5관행』에 소개된 5단계의 과정을 거쳐 수업을 실행합니다.

Tip **학습목표의 상세화**

교사는 비의 성질을 구체적인 상황에서 지도할 목적으로 학습목표를 다음과 같이 설정할 수 있다.

① 곱셈적 상황에서 단위비율 개념을 찾아낼 수 있다.

② 곱셈적 상황에서 비의 성질을 추론할 수 있다.

③ 곱셈적 상황에서 표와 그림과 글로 설명하는 다양한 표상을 연결할 수 있다.

④ 수학에서 배운 개념을 이용하여 주변의 실제 문제를 해결함으로써 수학의 유용함을 느끼고, 수학에 대한 긍정적인 태도를 기른다.

⑤ 자기 자신에게 닥친 문제를 스스로 해결하는 경험을 통해 자기주도적인 문제 해결 능력을 키운다.

⑥ 다른 사람이 해결한 방법을 경청하여 이해하고, 자신이 해결한 방법과의 연결성을 찾아 한 문제를 해결하는 데는 다양한 방법이 있음을 깨닫고, 그중 보다 효율적인 방법이 무엇인지를 토의한다.

처음 3개는 인지적 학습목표, 나머지 3개는 정의적 학습목표라고 할 수 있다. 인지적 영역에서는 곱셈적 상황에서 단위비율 개념이나 비의 성질을 추론하려는 의도가 보인다. 단위비율 개념과 비의 성질을 연결하고자 한다. 수학적 과정mathematical process에서 강조하는 의사소통 능력, 연결성 등을 고려한 측면도 드러난다.

정의적 영역의 학습목표까지 구체적으로 설정하면 과제를 만들 때는 물론, 수업을 진행할 때도 결정적 지침이 된다. 학생 스스로 문제를 해결하게 하려면 교사는 문제 해결 과정에 깊이 관여하기보다 과제를 설계하는 과정에서부터 학생이 개인적으로 또는 그룹으로 타인과의 경청과 협력의 관계를 통해 자기주도성을 기를 수 있도록 도와야 한다. 그래서 수학 개념을 주입하고 규정하기보다 스스로 발견할 수 있도록 과제를 설계해야 한다.

학습목표는 교육과정에 주어진 성취기준대로만 세워야 한다고 주장하는 이도 있지만, 교육과정에 교사가 기획력을 발휘하여 교사 교육과정을 만들도록 규정되어 있는 만큼 국가 수준에서 주어진 성취기준에, 수업하는 학생의 배경지식과 환경, 그리고 교사의 교육철학과 수학 교과 역량 등을 잘 조합하여 학습목표를 재구성할 필요가 있다.

『5관행』에서 제시한 수업의 5가지 실행 순서는 다음과 같습니다.

예상하기 점검하기 선정하기 계열짓기 연결하기

① 예상하기

'예상하기'는 교사가 수업 전에 학생이 주어진 과제에 수학적으로 어떻게 접근할지를 적극적으로 생각해 보는 일입니다. 학생의 반응을 예상하는 것은 학생이 주어진 과제를 수학적으로 어떻게 해석할 것인가와, 그것이 옳은 것이든 옳지 않은 것이든 그 과제를 해결하면서 사용할 수 있는 일련의 전략, 또한 해석이 교사가 학생이 학습하기를 바라는 수학적 개념, 표현, 절차, 그리고 관행과 어떻게 관련될 수 있는지 주의 깊게 기대하는 것을 포함합니다.

'예상하기'에서는 교사들이 가능한 한 다양한 방법으로 그 과제를 풀어 볼 필요가 있습니다. 때로는 동료 교사와 함께 그 과제로 활동해 보면서 예상 가능한 반응을 검토하고, 과제에 내재된 수학적 아이디어 중 학생의 학습에 관한 것을 사전에 정리함으로써 수업 시간에 학생의 논의를 끌고 갈 방향을 어느 정도 예측할 수 있는 데까지 준비할 수 있습니다. 따라서 가장 낮은 수준의 해결 방법과 가장 높은 수준의 해결 방법까지를 모두 망라하여 예상하는 것이 아주 중요하겠지요. 그리고 학생들이 범할 수 있는 오류도 예상할 수 있습니다.

그러면 앞의 과제를 냈을 때 예상 가능한 반응을 살펴봅시다.

예상 가능한 전략

① 그림 그리기(새집 2개당 나무판 5개씩 6회 나열함)

② 비의 성질 이용하기(새집이 6배 늘어났으므로 나무판도 6배 필요함)

③ 표 그리기(새집과 나무판의 개수를 표에 나타내서 구함)

④ 단위비율 결정하기(새집 1개에 나무판이 2.5개 필요함

　　→ 새집 12개에는 나무판이 12×2.5(개) 필요함)

⑤ 덧셈적 증가(오답: 새집이 10개 늘어났으니 나무판도 10개 더 필요함)

이 과제로 실제로 수업을 진행했더니, 학생들의 반응은 다음과 같았다고 가정해 봅시다.

학생 반응 예시

1모둠	2모둠
새집 2개에 나무판이 5개 필요하니까 새집 1개에는 나무판이 2.5개 필요하다. 따라서 새집 12개에 필요한 나무판의 수는 $12 \times 2.5 = 30$(개)	새집 12개를 만들려면 10개를 더 만들어야 하니까 나무판도 10개가 더 필요하다. 따라서 새집 12개에 필요한 나무판의 수는 $5 + 10 = 15$(개)

	3모둠					

3모둠	4모둠

3모둠

새집이 6배 늘어나니까 나무판도 6배 늘어나야 한다.
따라서 새집 12개에 필요한 나무판의 수는

$$5 \times 6 = 30(개)$$

4모둠

새집	2	4	6	8	10	12
나무판	5	10	15	20	25	30

따라서 새집 12개에 필요한 나무판의 수는 30(개)

5모둠

따라서 새집 12개에 필요한 나무판의 수는 30(개)

6모둠

2	5
2	5
2	5
2	5
2	5
+2	+5
12	30

따라서 새집 12개에 필요한 나무판의 수는 30(개)

② 점검하기

　학생의 반응을 점검하는 것은 수업 시간에 해야 하는 일 중에서도 가장 어려운 일입니다. 학생 각각의 반응은 보통은 5~6가지로 정리됩니다. 이를 점검하려면 학생의 수학적 사고와 해결 전략에 세심한 주의를 기울여야 합니다. 그래서 과제를 제시하고, 학생이 개별적으로 또는 모둠별로 해결하는 동안 교사는 교실을 순회하면서 점검하지요. 이러한 관찰을 통해 이후 전체 공유 시간에 무엇을 누구에게

맞출 것인지 결정할 수 있습니다.

'점검하기'를 잘하기 위한 한 가지 방법은 수업 시작 전에 예상하기를 통해 나온 결과로 다음 표와 같은 목록을 만드는 것입니다. 여기서 기타란은 교사가 미처 예상하지 못했던 아이디어를 기록하는 공간입니다.

점검표

전략	누가 그리고 무엇을	선정하기 및 계열짓기
① 그림 그리기		
② 비의 성질 이용하기		
③ 표 그리기		
④ 단위비율 결정하기		
⑤ 덧셈적 증가		
기타		

③ 선정하기

전략을 점검하는 동시에 교사는 특정 학생을 선정하여 나머지 학생과 함께 수업을 진행할 계획을 세웁니다. 수업의 수학적 목표와 함께 각 학생의 반응이 어떻게 그러한 목표에 기여할 것인지에 대한 교사의 평가에 따라 교사는 특정 학생과 그 해결 방법을 선정합니다.

'선정하기'는 두 단계로 진행됩니다. 먼저 여러 학생 또는 그룹의 다양한 전략 중 학습 진행에 꼭 필요한 전략을 선정한 다음, 그 전략을 학급에 발표하고 표현할 당사자를 선정합니다. 발표자를 선정할 때는 그룹에서 뛰어난 학생보다 발표를 통해 수학 자신감을 가질 만한 학생을 선정하여 발표를 계기로 수업에 집중할 수 있는 기회를 마련해 주는 것이 효과적입니다.

발표자를 특정하지 않고 모둠에서 발표자를 정하라고 하면 상위권 학생들이 항상 나섭니다. 그리고 나머지 중하위권은 발표 부담이 없는 만큼 수업 참여를 소홀히 할 수 있습니다. 그리고 모둠 활동에도 참여하지 않으려 합니다. 그래서 발표자는 항상 특정하되 모둠 안에서 그 과제를 해결한 학생 중 최하위권을 선정해서 학생들이 골고루 수업에 참여하는 기회를 넓혀 가야 합니다. 그리고 언제 누가 발표하게 될지 모르는 상태에서 항상 긴장감을 가지고 수업에 임하도록 해야 합니다.

④ 계열짓기

발표할 학생이 선정되면, 학생의 발표를 어떻게 배열할지 결정할 수 있습니다. 학생의 활동을 공유하는 순서를 의도적으로 배열하면 논의에서 수학적인 목표를 달성할 기회를 극대화할 수 있습니다. 예를 들어, 소수의 학생만 사용한 전략을 발표하기 이전에 대다수 학생이 사용한 전략을 발표하게 하면 많은 학생이 했던 활동의 타당성이 먼저 입증되고, 가능한한 많은 학생이 함께 논의를 시작할 수 있습니다. 구체적인 전략에서 시작하여 보다 추상적인 전략으로 나아가게 할 수도 있겠지요. 구체적인 것에서 추상적인 것으로 나아가는 접근 방법은 덜 정교한 접근 방법까지 타당한 것으로 여기게 하고, 접근 방법 사이의 연결을 가능하게 합니다. 비슷한 전략은 서로 이어서 설명하게 하면 전략끼리 비교하는 것이 수월할 것입니다.

점검표

전략	누가 그리고 무엇을	선정하기 및 계열짓기
① 그림 그리기	5모둠 ⬠⬠□□□□□ ⬠⬠□□□□□ ⬠⬠□□□□□ ⬠⬠□□□□□ ⬠⬠□□□□□ ⬠⬠□□□□□	2
② 비의 성질 이용하기	3모둠: $5 \times 6 = 30$	4
③ 표 그리기	4모둠	3
④ 단위비율 결정하기	1모둠: $12 \times 2.5 = 30$	5
⑤ 덧셈적 증가	2모둠: $5 + 10 = 15$	1
기타: 덧셈적 표 그리기	6모둠	×

새집 짓기 과제에서 '계열짓기', 즉 전체 공유 활동의 발표 순서를 정한 예시를 보면, ⑤ → ① → ③ → ② → ④의 순서입니다. 전략

⑤의 덧셈적 증가는 비록 오답이기는 하지만 곱셈을 하지 않고 덧셈을 했다는 아이디어를 드러내고자 하는 의도가 있으면 선정하여 공유합니다. 오답은 무조건 제외하기보다, 뭔가 의미가 있는 것은 발표를 시키면서 그 의미 있는 활동을 칭찬하는 기회로 삼으면 수업에서 누구도 소외되지 않을 수 있습니다. 특히 덧셈적 전략과 곱셈적 전략은 간단히 두 전략을 비교하면서 생각을 명확하게 하는 효과가 있습니다. 어떤 상황에서 더할 것인지, 곱할 것인지를 결정하는 일은 본인의 명확한 판단을 필요로 합니다.

이제 바른 답을 구한 경우를 보면 그림 그리기 전략이 가장 쉽기 때문에 먼저 발표를 시키고, 이어서 그림을 표로 나타낸 전략을 공유합니다. 이어서 이번 차시의 학습목표인 비의 성질을 이용한 풀이로 마무리할 수도 있고, 단위비율 결정 전략을 마지막으로 공유할 수도 있습니다. 단위비율 결정 전략은 수학뿐만 아니라 과학이나 다른 교과서에서도 충분히 사용할 수 있으므로 가장 마지막 또는 직전에 발표시킬 수 있습니다. 이것은 학급 학생들의 활동 내용과 교사의 학습목표 설정에 따라 달라질 수 있습니다.

> ## Tip　'계열짓기'의 중요성
>
> 좌표를 도입하는 수업이었다. T자 모형의 학교 건물을 소재로 삼은 것은 학생들의 호기심과 흥미를 끌기에 충분했다. 첫 과제는 컴퓨터 준비실의 위치를 4라고 할 때, 인성부 교무실과 1학년 교무실, 컴퓨터실2

의 위치를 숫자로 표현하고, 수직선 위에 나타내는 것이었다. 수직선에서의 좌표를 나타내는 과제다.

식당	화장실 (여)	화장실 (남)		인성부 교무실	1학년 교무실			화장실	컴퓨터 준비실	컴퓨터실 2

$$-5 \quad -4 \quad -3 \quad -2 \quad -1 \quad 0 \quad 1 \quad 2 \quad 3 \quad 4 \quad 5$$

오늘의 핵심 과제는 두 번째 과제였다. 우리 반(1-2)의 위치를 좌표로 나타내어 보자. 다른 반과 구분해서 좌표로 나타낼 수 있는 방법은 무엇일까?

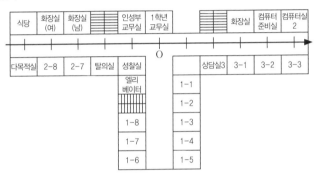

6개 모둠은 열심히 토론했고, 그 결과를 각자의 모둠판에 적어 칠판에 붙였다. 각 모둠의 해결 전략이 달랐고, 다양했다.

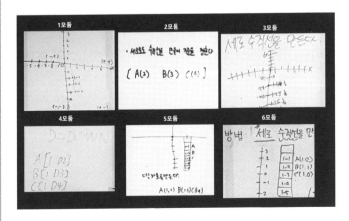

55

이런 경우 여러분은 어떤 순서로 발표를 시킬 것인가? 이 수업에서는 관행대로 1모둠부터 차례로 발표를 하게 되었다. 1모둠은 아직 배우지 않은 좌표평면을 그렸고, 각 사분면의 부호(양수와 음수)까지 나타내는 등 어마어마한 결과를 만들어 냈는데, 그 모둠에는 선행학습을 한 학생이 끼어 있었다. 『5관행』의 '선정하기'를 고려하지 않은 교사는 그룹 안에서 아무나 나와서 자유롭게 발표를 하도록 했다. 예상대로 1모둠에서 혼자 그 전략을 쓴, 선행학습을 한 학생이 나와서 발표를 했다. 이 순간 나는 2모둠을 주시했다. 발표하기로 한 학생을 보니 표정이 굳어 있었고, 입에서는 한숨이 터져 나왔다. 순서에 따라 교사는 2모둠에게 발표 차례임을 알렸고, 발표할 학생은 쭈뼛거리며 겨우 앞으로 나갔다. 그러고는 시뻘게진 얼굴로 다음과 같이 말하고는 쏜살같이 자리로 돌아갔다.

"우리 그룹은 잘 몰라요!"

어느 교실이나 선행학습을 한 아이들이 있을 수 있다. 하지만 선행학습을 한 아이들이 미처 다른 학생들이 고민하지 않은 과제를 뚝뚝 잘라서 답을 말하도록 허용하는 것을 최대한 막아야 한다. 그래서 가장 간단한 전략을 쓴 2모둠을 먼저 발표시켰다면 그들은 세로로 수직선을 만든 아이디어를 말했을 것이고, 교사는 그 부분을 칭찬하는 것으로 2모둠을 수업에 끌어들일 수 있었다. 3모둠과 6모둠도 세로 수직선이라는 아이디어를 냈으니 세로로 수직선을 만든 아이디어는 보편적인 전략으로 인정받을 수 있는 분위기였는데 정답을 먼저 말한 1모둠 때문에 다른 모둠의 아이디어의 가치가 손상되었다고 볼 수 있다.

1모둠을 가장 마지막에 발표시켰다면 보다 효과적이었을 것이고, 오히려 선행학습을 한 학생에게 좌표평면을 최대한 설명하도록 하는 지혜로운 순간이 만들어졌을 수도 있다. 교사는 오늘 좌표평면을 이해하는 학습목표를 1모둠의 발표와 연결하기를 통해 달성하게 만드는 기회를 가질 수 있었다.

4모둠의 [1 D1]에서 D=DOWN, 즉 아래쪽으로 내려간다고 방향을 말한 아이디어는 결국 1모둠에서 음수와 연결하기를 한다면 아주 좋은 전략이라고 인정할 수 있다. 이 수업에서 아이들은 4모둠의 DOWN 전략을 아주 멋있다며 호평했다.

⑤ 연결하기

마지막으로 교사는 수업에서 핵심적인 수학 아이디어끼리 연결하도록 도울 뿐만 아니라, 학생들이 자신의 해결 방법과 다른 학생의 해결 방법을 서로 연결하도록 돕습니다. 교사는 학생이 해결할 수 있는 문제에 대한 다른 접근 방법을 찾고 결과를 판단하며 문제를 해결할 때 어떤 방법이 정확하고 효율적인지, 가장 쉽게 식별할 수 있는 수학적 패턴의 종류는 어떤 것인지를 판단하도록 도울 수 있습니다. 이때의 목적은 특정 문제를 해결하기 위한 다양한 방법을 개별적으로 발표하게 하는 것이 아니라, 학생이 서로의 발표를 기초로 하여 발표하게 함으로써 강력한 수학적 아이디어를 개발하게 하는 것입니다.

'연결하기'의 또 하나의 과업은 학생의 아이디어와 그날 교사가 의도했던 학습목표와의 괴리를 메우는 일입니다. 학생의 전략 또는 아이디어가 학습목표에 100퍼센트 부합하기는 쉬운 일이 아니지요. 그러므로 대부분의 수업 장면에는 그 간극이 존재할 텐데, 수업을 정리하는 장면에서 교사는 이 간극을 최대한 연결해 주는 역할을 해야 합니다.

학생들의 전략 사이의 연결은 다양하게 이뤄질 수 있습니다. 우선 그림과 표를 연결할 수 있습니다. 교사가 연결을 직접 주도하기보다는 두 전략을 비교하여 낮은 전략(그림)을 사용한 학생들에게 보다 높은 전략(표)을 사용할 수 있는지 설명하게 합니다. 표와 비의 성질을 연결하는 작업은 표를 그린 학생에게 비의 성질, 즉 곱셈을 할 수 있도록 격려하고 설명할 기회를 제공합니다. 그래서 학습목표라고 할 수 있는 비의 성질을 이용한 풀이를 아직 사용하지 못하는 학생들에게 3모둠의 비의 성질을 이용한 전략을 사용할 기회를 제공합니다.

그림 그리기 전략과 표 그리기 전략 연결하기

5모둠	4모둠

5모둠	4모둠

5모둠

따라서 새집 12개에 필요한 나무판의 수는 30(개)

4모둠

새집	2	4	6	8	10	12
나무판	5	10	15	20	25	30

따라서 새집 12개에 필요한 나무판의 수는 30(개)

표 그리기 전략과 비의 성질 이용하기 전략 연결하기

	4모둠						3모둠

새집	2	4	6	8	10	12
나무판	5	10	15	20	25	30

4모둠

따라서 새집 12개에 필요한 나무판의 수는 30(개)

3모둠

새집이 6배 늘어나니까 나무판도 6배 늘어나야 한다.

따라서 새집 12개에 필요한 나무판의 수는

$5 \times 6 = 30$(개)

Tip 이해도 판정 바로미터

그룹 활동이 끝나면 전체 공유 시간의 발표자를 정한다. 그룹에서 스스로 결정하게 하면 대부분 그룹에서 상위권 학생이 발표를 도맡는다. 나머지 학생은 무임승차를 하게 되고, 그룹 활동에 집중하지 않아도 되는 상황이 발생한다. 아울러 상위권 학생의 발표만 가지고는 학급 전체의 이해도를 판정하기 어렵다는 문제점도 나타난다.

보통의 수업에서는 형성평가 문항을 준비하여 문제 풀이 결과로 이해도를 판정하는 경향이 있는데, 문제 풀이는 절차적인 학습만으로도 가능하기 때문에 개념적인 학습이 충분한지를 판단하는 잣대로는 부족할 수 있다.

교사에 따라서는 학급마다 이해도를 확인할 수 있는 바로미터 barometer 역할을 하는 학생 2~3명을 염두에 두기도 한다. 그 학생들이 이해한 정도를 그 학급의 이해 상태를 평가하는 기준으로 삼는 것이다. 이해 정도는 개념적인 질문을 통해서 파악하게 된다.

좋은 수업이 이루어지는 수학교실에서 학생의 발표와 활발한 참여, 그리고 원활한 의사소통은 빼놓을 수 없는 요소입니다. 그렇기에 교사는 좋은 과제를 준비하고, 학생들이 과제를 협동적으로 해결할 수 있는 환경을 조성하며, 학생에게 자신의 풀이를 공유하고 정당화할 수 있는 기회를 제공합니다. 하지만 이런 노력에도 교사는 여전히 허전함을 느낍니다. 학생들이 뭔가 발표하긴 했는데, 이로써 교사가 원하는 학습목표가 달성되었을까요? 학생의 논의를 좀 더 깊이 이끌지 못하고 어정쩡하게 끝낸 것은 아니었을까요? 여러 질문이 멈추지 않는 상황에 처할 때 『5관행』의 방법은 시원한 해결책으로 다가옵니다.

선행한 학생도 초대하는 수업

수학교사에게 선행학습은 수업에 아주 큰 장애가 됩니다. 선행학습이 변수가 아닌 상수처럼 바뀐 현재의 문화에서는 선행학습을 한 학생을 잡을 수 있는 수업 방법에 대한 고민이 필수입니다. 선행학습의 약점, 즉 학생들이 아직 어리기 때문에 또는 빨리 진도를 나가기 때문에 생기는 문제점을 공략한다면 답을 얻을 수 있습니다.

사교육을 통해서 이뤄지는 선행학습은 주로 절차적으로 진행됩니다. 공식에 대한 증명이나 유도 과정은 생략되거나 교사의 시범으로 끝나지요. 학생들은 문제 풀이에 공식을 적용하는 경험을 하게 되고, 그렇게 문제를 풀어 답이 나오면 그 개념을 이해한 것으로 착각한답니다.

초등에서 연산 학습은 조기 교육을 통해 이뤄집니다. 학습이라는 말보다는 훈련이라는 표현이 어울릴 정도입니다. 연산 훈련에서 가장 중요시하는 것은 속도입니다. '수능에서 30문제를 주어진 시간 안에 풀려면 연산 속도가 중요하다. 연산 속도가 느리면 몇 문제를 풀지 못해 그냥 찍고 나온다'라는 괴담이 유행처럼 번지고 있습니다. 하지만 실제 수능 문제에서 초등 수준의 연산은 거의 찾아볼 수 없습니다. 결과가 1000을 넘어가는 문제는 아예 없습니다. 곱셈의 정도도 구구단이면 충분하고, 기껏해야 25×7과 같이 두 자리 수에 한 자리 수를 곱하는 것이 가장 어려운 계산입니다. 359×68과 같은 엄청난 계산은 눈을 씻고 찾아봐도 없습니다. 하지만 초등학생들은 이런 정도의 계산보다 훨씬 더 심한 계산 문제로 날마다 훈련을 받고 있습니다. 그런 훈련이 수능 문제를 푸는 속도에 영향을 줬다는 증언은 거의 들을 수 없을 것입니다. 수능 문제 해결 속도는 수학적 사고력, 정확하게는 개념 연결 능력의 깊이에 달려 있지, 초등 연산 능력의 영향은 극히 미미합니다.

이런 계산 훈련을 통해 답을 구하는 연습을 하기보다는 다양한 방법으로 연산을 해결해 보는 연습을 하는 것이 더 중요합니다.

초등 대안교과서 『수학의 미래』는 이런 약점을 보완하기 위해 다양한 방법으로 연산을 할 것을 주문합니다.

다음 문제를 해결할 때 학생들은 보통 〈방법1〉로는 세로셈을 사용하고, 〈방법2〉로는 가로셈을 사용합니다. 그리고 〈기타〉에는 수 모형을 이용한 그림을 그릴 수 있습니다. 세로셈도 한 가지 방법만 있는 것이 아니라 부분곱(30×4, 4×4)을 각각 구한 다음 이들을 세로로 더하는 방법도 있고, 가로셈도 십의 자리와 일의 자리를 가로로 곱해서 더하는 방법($30 \times 4 + 4 \times 4$) 이외에 $34 \times 2 \times 2$와 같이 계산하는 방법 등으로 다양합니다.

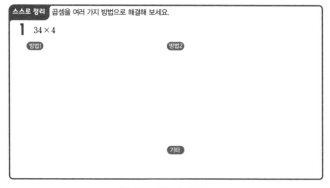

『수학의 미래』 과제 예시

　　이렇게 〈방법1〉뿐만 아니라 〈방법2〉와 〈기타〉란을 제공한 것은 적어도 2가지 방법으로 문제를 해결하려는 시도가 필요하다는 사실을 간접적으로 강조하는 것입니다. 방법의 다양성을 요구하지 않으면 대부분은 표준화된 세로셈만으로 답을 빨리 구하고 마는 것이 아이들의 학습입니다. 세로셈은 절차적인 학습으로 이루어지기 때문에 이를 통해서는 수학에 대한 흥미를 느끼기가 어렵습니다. 가로셈이나 부분곱의 합 등 다양한 방법으로 계산하는 것은 결과에 대한 주도성, 즉 자기가 풀어낸 답이 맞는지에 대하여 해답이나 성인에게 의존하지 않고 스스로 판단할 힘을 길러 줍니다.

학부모 강의에 왔던 중학교 1학년 학생이 분수의 나눗셈에 대한 새로운 방법을 접하고 수학 공부에 의욕을 갖기 시작한 사례가 있습니다. 분수의 나눗셈은 보통 나누는 수의 역수를 곱하는 방법으로 계산하지요. 왜 그렇게 하는지를 설명하는 학생은 거의 볼 수 없을 것입니다. 지극히 절차적인 공식이기 때문이지요. 이 학생도 초등학교 6학년 때 분수의 나눗셈을 배우면서 그냥 나누는 분수의 분자와 분모를 바꾸어 곱하면 된다는 절차적인 방법을 익혔지만, 왜 그렇게 하는지가 가슴 한구석에 항상 의문으로 남아 있어서 수학 공부를 하기가 싫었다고 했습니다. 이날 학부모 강의에서 왜 역수를 곱하는지 생각해 보도록 했는데, 어떤 학부모가 통분을 이용하여 분수의 나눗셈을 해도 되느냐고 물었습니다. 나와서 해 보라고 했지요.

(역수를 곱하는 방법) $\dfrac{1}{2} \div \dfrac{2}{3} = \dfrac{1}{2} \times \dfrac{3}{2} = \dfrac{3}{4}$

(통분하는 방법) $\dfrac{1}{2} \div \dfrac{2}{3} = \dfrac{3}{6} \div \dfrac{4}{6} = 3 \div 4 = \dfrac{3}{4}$

이 학생은 역수를 곱하는 방법 말고 다른 방법이 있다는 사실에 놀랐고, 통분하는 방법이 납득이 갔기에 더욱 놀랐다고 했습니다.

이 한 가지 사건만으로 이 학생은 이후 흥미를 갖고 열심히 수학 공부를 했다고 합니다. 절차적인 방법만으로는 학생들이 수학 공부에 절대 흥미를 느낄 수 없다고 생각합니다. 개념적인 방법, 즉 왜 그런지를 이해하고 자기 생각으로 설명할 수 있을 때 비로소 수학 공부에 대한 내적 동기가 생깁니다.

원주율이 약 3.14임을 선행학습에서 이미 배웠다고 답하는 학생에게 원주율을 가르치려면, '원주율은 지름에 대한 원주의 비율'이라는 정의를 순진하게 들이대는 것보다는 실제적인 의미를 묻는 것이 효과적일 것입니다. 학생들에게 익숙한 음료수 캔을 예로 들면 호기심을 유발할 수 있습니다. 먼저 캔의 높이가 윗면의 지름의 길이의

약 2.5배 정도 되는, 그림과 같은 모양의 캔을 준비합니다. 그리고 다음과 같이 질문합니다. 음료수 캔의 윗면의 둘레와 캔의 높이 중 어느 것이 더 클까요? 윗면의 둘레를 펼쳐서 옆면에 세우면 어느 것이 더 길까요? 이때, 길이를 직접 재기 전에 눈짐작으로 먼저 답해 보도록 합니다.

이 질문은 놀랍게도 수학교사에게도 도전적인 질문이 될 수 있습니다. 교사 중에도 학창 시절에 원주율의 실질적인 의미까지는 생각해 보지 않은 경우가 있을 수 있겠지요? 원주율의 뜻에 따르면 원주는 지름의 약 3.14배입니다. 그림 속 캔이 비교적 높아 보이는데도 불구하고 캔의 윗면의 둘레가 캔의 높이보다 큰 것이지요.

학생에게 이미 선행한 개념을 그냥 던져 주면 이미 배운 것으로 착각하여 교사의 지시나 수업에 집중하지 않게 됩니다. 배울 개념을 그냥 주는 것이 아니라 그 개념을 발견하도록 이끄는 탐구 활동으로 수업 내용을 꾸민다면 선행학습을 한 학생들의 참여를 끌어낼 수 있습니다.

중학교에서 일차함수의 그래프의 기울기를 이미 선행학습으로 익힌 학생은 기울기를 구하는 공식을 가지고 수업에 들어옵니다.

$$(\text{일차함수의 그래프의 기울기}) = \frac{(y\text{의 값의 증가량})}{(x\text{의 값의 증가량})}$$

학생들에게 기울기가 무엇이기에 이렇게 구하는지를 물어봅니다. 기울기의 정의를 물으면 100퍼센트 모릅니다. 이 공식을 정의로 착각하지요. 기울기는 초등의 비율 개념이므로 초등 수학 개념이 부족한 중등교사들마저 기울기의 정의를 정확히 설명하지 못하는 경우가 종종 있습니다. 기울기의 정의는 x의 값의 증가량에 대한 y의 값의 증가량의 비율입니다. 여기서 더 중요한 것은 왜 y의 값의 증가량을 분모로 하지 않고 x의 값의 증가량을 분모로 삼았는지에 대한 것입니다만 교과서 어디에도 그런 설명은 없습니다.

중학교 대안교과서 『수학의 발견』은 이 부분에 흥미로운 과제를 던지면서 시작하고 있어서 기울기의 의미를 이해하게 해 줍니다.

계단의 '가파른 정도'로 시작하는 기울기 과제는 계단의 너비와 높이를 이용하여 가파른 정도를 비율로 나타내면서 기울기의 의미와 비율의 수치를 비교하는 과정을 경험하게 합니다. 계단의 너비에 대한 높이의 비율이 기울기의 수치로 적당함을 공유하면서 주도적으로 기울기를 정의하는 과정은 현 교과서의 약점을 완전히 해소하면서 2022 개정 교육과정에서 주도적인 사람으로 키우고자 하는 비전을 실현하고 있습니다.

아래 ①~③의 계단의 모양을 보고 다음을 함께 탐구해 보자.

(1) 세 계단의 가파른 정도를 비교하여 말로 표현해 보자.

(2) 계단의 너비와 높이를 이용하여 계단의 가파른 정도를 비율로 나타내고, 이 비율이 가파른 정도를 잘 표현하는지 의견을 써보자.

구분	가파른 정도를 나타내는 비율
계단 ①	
계단 ②	
계단 ③	

『수학의 발견』 과제 예시

고등학교는 어떤가요? 왜 집합 X의 각 원소에 집합 Y의 원소가 하나씩 대응하는 경우만 함수라고 하는지를 물으면 선행학습을 한 아이들의 반응은 멍하지요. 그렇게 외웠는데 어쩌라고요! 그런 것이 함수라면서요! 중학교의 함수의 정의가 어떻게 고등학교의 함수의 정의로 연결되는지를 아무도 생각하지 않습니다. 똑같은 함수의 정의가 중학교에서 배운 것과 다른데도 그것을 연결하여 비교하는 학습이 이루어지지 않습니다. 따라서 왜 집합 X의 원소는 빠지면 안 되는가? 여기에 대응하는 집합 Y의 원소는 왜 둘도 안 되고 없어서도 안 되는가? 등등의 개념적인 질문에 누구도 답을 할 수가 없지요.

이런 개념적인 질문을 통해서 선행학습을 한 학생들을 수업에 끌어들이는 방법을 고민해야 합니다. 어떤 학생들은 겉으로는 그런 고민을 할 필요가 없다고 거부적인 태도를 취하지만 그 자리를 벗어나는 순간부터 고민하게 됩니다. 자기가 그런 식으로 절차적인 학습, 즉 공식만 외워서 문제 풀이에만 집중하고 있었다는 것을 반성하기 시작합니다. 차츰 수업에 들어오고 싶은 학생들이 많아지고, 매일의 수업에서 학생들은 개념적인 학습으로 수학에 흥미를 느끼기 시작합니다.

수준 차이가 존재하는 현실에서

교실의 구성은 동질 집단보다 이질 집단인 경우가 많습니다. 이질 집단을 상수로 생각하고 수업을 준비해야 합니다. 수준 차이를 극복하는 아이디어는 출발선 맞추기, 자신의 추론 능력을 신뢰할 기회 제공하기, 모둠에서 도움받을 수 있는 수업 설계하기, 연결하기를 적절하게 이용하기 등입니다.

이질 집단은 서로 다른 출발선 때문에 모두가 똑같이 오늘의 수업에 들어올 수 없습니다. 그러므로 교사가 가장 먼저 해결해야 할 과제는 도입부에서 출발선을 맞추는 것입니다. 오늘 개념의 배경지식이 되는 개념이 있다면 그것을 절차적으로라도 간단하게 학습할 기회를 제공해서 오늘 학습에 이용할 수 있도록 해야 합니다. 깊이 있게 이해하지 못하더라도 공식을 암기해서 사용할 수 있을 정도까지만 맞춰 주면 충분합니다. 이전 개념에 대한 부족한 깊이까지 오늘 해결할 필요는 없습니다. 평행사변형의 넓이를 학습하는 날에는 수업 도입부에 전날 배운 직사각형의 넓이를 구하는 공식만 상기해 줘도 됩니다. 세 자리 수의 덧셈을 학습하는 날에는 한 학기 전에 배운 두 자리 수의 덧셈을 절차적으로 수행할 수 있는 수준까지 확인 학습을 해 줍니다.

수준이 부족한 학생들은 자신의 추론 능력을 신뢰하지 못하는 경향이 있습니다. 이것도 수준 차이를 극복하는 데 걸림돌이 됩니다. 그래서 여러 가지 장치를 통해 학생이 자신의 추론을 신뢰할 기회를 제공해야 합니다. 옳은 답을 했을 때 기회를 놓치지 않고 발표를 시키면 확신을 갖게 하는 중요한 계기가 됩니다. 자신감을 회복하면 수준 차이가 있더라도 도전하면서 학습 의욕을 불태울 수 있습니다.

어떤 과제든 모둠 활동 이전에 꼭 개별 활동을 진행해서 자기 생각을 갖도록 격려하고, 시간 여유를 제공하는 것도 중요합니다. 자기 생각이 조금이라도 있으면 모둠 활동에 그만큼 참여할 기회가 생깁니다. 모둠 활동에서 문제를 해결한 학생은 자기 생각만 주장하지 않고 친구의 어려움을 고려해서 충분하게 설명할 수 있도록 지도합니다.

모둠 활동에서 친구들의 도움이 부족한 경우는 연결하기로 성장에 도움을 줄 수 있습니다. 다소 수준이 떨어지는 전략과 수준이 높은 과제를 연결하는 과정에서 수준이 낮은 학생들이 자기 생각을 끌어올리는 주도적인 기회를 제공해야 합니다. "어떻게 하면 네 전략과 이 전략 사이를 연결할 수 있겠니?"라는 질문은 수준이 낮은 학생에게 할 수 있는 좋은 질문입니다.

모든 학생이 똑같이 출발할 수 있도록

각 사람의 개성이 뚜렷하듯 교실 내 각 학생의 수준 차이는 반드시 존재합니다. 그 차이를 포용성으로 감싸지 않으면 우리 사회는 유지될 수 없습니다. 특히 수업 시간 교사의 포용성은 학생들의 미래에 그대로 전달됩니다. 포용성이 없는 교육을 받은 학생들은 다른 학생들을 배려하거나 다른 이들과 함께하는 인성을 갖추기 어렵습니다.

학생들은 저마다 개성이 있으므로 당연히 성취 수준이 다릅니다.

서로 똑같은 사람이 존재하지 않듯이 수학에 대한 수준이나 생각이 똑같은 학생 역시 존재하지 않습니다. 특정 개념마다 학생들은 서로 다른 사고를 하며, 각 개념에 대한 배경지식 역시 모두 제각각입니다. 그래서 교사가 일방적으로 주도하는 수업이나 인터넷 강의 등은 별로 효과적이지 않습니다. 하지만 학생들은 각기 다른 수준에서 문제에 접근하여 나름대로 반성적 사고를 하고, 각자의 반성적 사고를 통해 다양한 의사소통을 합니다. 매 수학 시간에 이와 같은 반성적 사고와 다양한 의사소통이 이루어진다면 이는 실로 바람직한 수업이라고 할 수 있겠지요.

모든 아이가 수학 공부를 할 수 있는 능력을 가졌다고 생각하고 교육을 해야 합니다. 수학 점수로 아이들을 구분하지 않도록 주의해야 합니다. 물론 느린 학습자도 있지만, 느린 학습자에게는 더 많은 투자를 해서라도 수학 공부를 잘 해낼 수 있도록 도와야 합니다. 분리주의자들은 인간의 능력에 개인차가 존재한다고 변명하며 정규분포 곡선을 들이댑니다. 하지만 느린 학습자는 후천적인 영향이 더 큽니다. 상위권 중심의 수업에서 기인한 바가 크지요. 교육의 방향은 학생들의 능력 차이를 줄이는 것이어야 합니다. 학생들이 지닌 능력을 이끌어 내는 교사의 역량이 필요합니다. 발문−거수−지명−발표 패턴의 수업으로 학생들의 능력 차이를 줄이는 데는 한계가 있습니다. 발문−거수−지명−발표 패턴은 전형적인 교사 중심의 수업 형태입니다.

어떤 학생의 생각이라도 그중 옳은 내용이 몇 퍼센트는 있습니다. 비록 작은 비율이어도 옳은 생각을 끌어내어 그것을 키워 주는 교육이 필요합니다. 모든 학생에게 자기 생각을 발표할 수 있는 기회를 제공해야 합니다. 모든 아이는 날마다 성장합니다. 자그마한 성장을 찾아내 칭찬하고 그다음의 성취를 격려하면서 학생들을 지원하는 것이 교사의 중요한 역할입니다. 그렇지만 쉽지 않은 일이지요.

아직도 학생들을 수준별로 구분하여 수업하려는 성향에 대한 논란이 여전합니다. 또한 특목고와 자사고 등을 그대로 두고 있는 현실은 학생들을 성적 또는 진로에 따라 조기에 분리하는 교육이 과연 우리 사회가 지향해야 할 방향인지에 대한 대토론을 요구합니다. 포용성을 갖춘 사람을 만든다는 교육과정의 비전을 가지면서 서로를 분리하여 구분하는 것을 당연시하는 정책이 20세기의 구태는 아닌지 돌아볼 때입니다.

제3장

오개념에 대처하는 법

교사의 반응에 학생도 반응한다

탁구나 테니스 등 서브로 시작하는 운동에서는 제3구를 처리하는 방법이 중요합니다. 서브가 일종의 공격이므로 상대방의 수비로 다시 넘어온 공을 공격하는 것이 제3구 공격입니다.

탁구에서 서브가 제1구라면 리시브는 제2구, 그다음이 제3구 공격입니다. 시합 중 제3구에서 결정되는 포인트는 전체의 20~50퍼센트나 됩니다. 제3구 공격을 잘하기 위해서는 제1구인 서브가 좋아야만 합니다. 서브가 나쁘면 제3구 공격은커녕 상대방에게 제2구 공격을 허용할 수도 있습니다. 제3구 공격은 서브 연습과 함께 이뤄져야 효과적입니다.

이를 수업에 적용한다면, 교사가 처음 학생에게 던지는 질문이 제 1구, 교사의 질문에 대한 학생의 답변이 제2구입니다. 그리고 그 답변에 대한 교사의 처리가 제3구입니다. 교사의 첫 발문이 중요함은 말할 것도 없습니다. 학생의 다양한 답변에 대한 교사의 대응도 그에 못지않게 중요합니다. 학생의 답변에 대한 교사의 바람직한 대응 방법은 무엇일까요? 학생의 답변을 기준으로 구분해 보겠습니다.

학생이 맞는 답, 또는 교사가 원하는 답을 하면 교사 대부분이 긍정적인 표정을 짓지요. 그래서 답을 한 학생 또는 학급의 다른 학생들은 이를 보고 금방 눈치를 챕니다. 마찬가지로 틀린 답을 하면 교사가 부정적인 표정을 짓거나 틀렸다는 신호를 줍니다. 답을 하는 학생은 반드시 교사의 얼굴을 살피게 되어 있습니다. 왜냐하면 자기 답이 맞았는지 틀렸는지가 궁금하기 때문입니다. 중요한 것은, 이 학생이 자기 답변에 자신이 없는 상태였더라도 교사가 긍정적으로 인정하는 눈치를 보이면 더는 의문을 갖지 않고 긴장을 푼다는 사실입니다. 결국 그 답변을 자기 것으로 소화해 내지 못하고 마는 것이지요.

그런데 학생이 맞는 답을 제시했는데도 교사가 포커페이스를 유지하거나 역설적으로 부정적인 표정을 지으면 이 학생은 자기 생각을 의심하고 다시 한번 집중하게 됩니다. 그 결과 심지어 답을 바꾸기도 하고요. 반대로, 고민하고 고민해 봐도 여전히 답이 바뀌지 않으면 더욱 자신감을 갖게 되어 그 답을 보다 확고히 자기 것으로 결정짓지요.

결론적으로 교사의 반응은 학생에게 상당한 영향을 줍니다. 교사의 즉각적인 판단은 학생에게 조급함을 유발하고 학생이 수업에 집중하지 못하는 원인을 제공합니다. 반면, 교사가 즉각적인 판단을 유보하는 자세를 취하면 학생은 답변에 더욱 큰 책임감과 도전 의식을 갖게 되고, 이때 성취에 대한 만족도 역시 극대화됩니다.

그룹 활동에서 선정된 학생의 발표에 대한 교사의 대응도 역시 중요합니다. 첫째, 발표한 학생의 설명이 비교적 괜찮았는데도 다시 정리해 주는 교사가 있고, 둘째, 발표한 학생의 설명이 부족한데도 적당히 칭찬만 해서 들여보내고는 결정적 힌트나 보충 설명 없이 넘어가는 교사가 있습니다. 이들 교사는 학생에게 어떤 영향을 줄까요?

전통적 수업관에서는 첫 번째 방식이 교사의 역할이라고 생각할 수 있지만, 구성주의 수업관에서는 두 번째 방식이 학생의 수업에 대한 참여 의지와 그룹 활동의 충실도를 높여 줍니다. 자기주도성과 도전 정신을 이끌어 내는 데도 도움이 됩니다.

교사가 첫 번째 방식으로 수업하는 교실에서는 학생의 그룹 활동에 대한 소홀함과 이탈 현상이 점차 늘어나게 됩니다. 그룹 활동을 열심히 하지 않아도 언제나 수업 끝에는 교사의 깔끔한 정리가 이뤄지고, 시험은 그 정리된 내용에서 나올 것이기 때문이지요. 하지만 교사가 두 번째 방식으로 수업하는 교실에서는 교사 설명에 대한 기대가 없기 때문에 자기들 스스로 책임지고 모든 결론을 맺습니다. 또

공부하고 토론한 만큼 결과물이 남기 때문에 토론과 대화의 질을 높이려고 노력하게 됩니다. 자연스럽게 성취감 또한 높아지겠지요.

Tip — **학생 오류에 대한 제3구 처리의 일반적인 경향**

교사의 개시 발문Initiate에 대한 학생의 대답Response, 그리고 그에 대한 교사의 평가Evaluation로 이어지는 단계를 보통 IRE 패턴이라고 한다. 특히 폐쇄적인 발문으로 시작되는 IRE 패턴에서 학생의 대답에 대한 교사의 제3구 반응은 학생의 사고에 대한 탐구 활동과 상호작용을 억제하기 쉽다.

이런 IRE 패턴의 교육적 한계를 극복하려면 학생의 답을 평가하는 데 그치지 말고 학생의 사고를 탐색하고 확장하며 정교화하는 피드백을 제공해야 한다.

수학 수업에서는 학생의 오류에 대한 정정 작업이 많이 이뤄진다. 이런 경우 맞았는지 틀렸는지를 판단하는 것은 대부분 교사의 역할이다. 정답이 제기되면 교사는 이를 즉각적으로 수용하고 칭찬하는 경향이 있다. 오답은 교사가 정정하거나 다른 학생에게 다시 질문하여 정정하는데, 이 과정에서 처음 오답은 별도의 피드백 없이 무시된다.

교사가 오답을 말한 학생에게 정정할 기회를 주더라도 이때 학생의 사고를 탐색하고 정교화하기보다 해답으로 가는 단계형 질문을 함으로써 깔때기 패턴식 수업이 이뤄지는 경향이 있다.

실수를 막아 주는 삼중 장치

학생들은 연산에서 많은 실수를 범합니다. 어제는 맞았지만 오늘은 틀리고, 4학년 때는 잘했지만 5학년 때는 다시 틀립니다. 이런 실수의 원인이 무엇일까요?

한마디로 말하면 개념적인 연산 학습이 부족하기 때문입니다. 연산을 기계적 또는 절차적인 방법으로만 익히지 않고 개념적으로 이해했다면 실수라는 것은 있을 수 없습니다. 개념적으로 이해했다는 것은 자기 자신이 또는 많은 학생이 자주 틀리는 부분이 무엇인지를 알고 그 부분에서 주의하는 것까지를 포함합니다. 틀리는 원인까지 알고 있으면 절대 틀리지 않지요. 적당히 공부하기 때문에 틀리는 것입니다. 깊이가 부족하기 때문에 실수를 하지요.

문제를 풀어 답을 내는 일은 쉬운 일이 아닙니다. 그리고 내가 풀어낸 답이 맞았는지 확신하는 것은 더욱 어렵지요. 그래서 문제를 풀어 답이 나오면 나도 모르게 손이 해답집으로 갑니다. 수업 시간에는 선생님에게 물어보게 되지요. 문제 풀이의 주도성을 잃은 것입니다. 주도적인 사람을 키우고자 하는 것이 교육과정의 비전인데 이런 식의 적당한 정도의 수학 공부로는 주도성을 가질 수 없습니다. 다른 과목에서 아무리 주도성을 키웠더라도 수학 과목에서 주도성을 갖지 못한다면 그 사람은 주도성을 가진 것이 아닙니다.

문제를 풀 때 실수를 막으려면 철저한 장치가 필요합니다. 이 장치는 곧 공부를 하는 방법입니다. 항상 3단계로 문제를 해결하는 습관을 가져야 합니다.

첫 번째 단계는 어림(암산)입니다. 머릿셈이라고 표현하기도 했었습니다. 이것은 문제를 보자마자 바로 연필을 들고 계산하는 버릇을 멈추고 잠시라도 생각하는 것입니다. 정확한 값을 구할 수는 없어도 대충의 값을 어림하는 것이지요. 특히 덧셈이나 곱셈에서 자릿값이나 올림 등의 실수로 답이 크게 틀리는 경우가 있는데, 이는 미리 어림을 하면 충분히 막을 수 있습니다. 다음은 학생이 흔히 범하는 실수의 예시입니다.

326+187을 세로로 더하기 전에 어림을 합니다. 326은 약 300으로, 187은 약 200으로 어림하면 두 수의 합은 약 500이 될 것으로 예상할 수 있습니다. 그런 다음 필산(연필로 계산하는 방법)한 결과가 어림한 값 500과 큰 차이가 나는지 확인합니다. 받아올림에서 실수를 하여 4113이 나왔다면 어림한 값 500과 차이가 크다는 것을 발견할 수 있고, 다시 되돌아보거나 다른 방법으로 풀어서 바로잡을 수 있습니다. 다음 예시도 살펴봅시다.

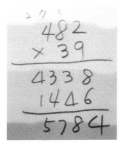

482×39도 세로로 곱하기 전에 482는 약 500으로, 39는 약 40으로 어림을 하면, 두 수의 곱이 20000 정도 될 것으로 어림

셈을 할 수 있습니다. 이때도 역시 나중에 필산한 결과와 비교해서 20000과 별 차이가 없다는 것을 확인해야 합니다.

두 번째 단계는 필산입니다. 연필로 직접 계산하는 단계인데, 보통은 세로로 계산합니다. 326+187과 482×39를 필산하면 다음과 같이 나옵니다.

세 번째 단계는 검산입니다. 시험 시간에 문제를 다 풀고 나서 시간 여유를 갖고 검토하는 것을 권장하는데, 평소 검산하는 습관이 안 되어 있으면 시험 시간에 검토할 때 우왕좌왕 헤매다가 별 효과 없이 시간을 보낼 수 있습니다.

교과서에서는 보통 나눗셈을 한 다음 당연히 검산을 하도록 강조합니다. 나눗셈이 아닌 다른 문제를 풀 때도 꼭 검산하는 습관을 들이는 것이 필요합니다.

검산의 방법은 다른 방법을 사용하는 것입니다. 나눗셈을 한 결과를 검산할 때는 다시 나눗셈을 하는 것이 아니라 곱셈을 하지요. 만약 나눗셈을 한 결과를 확인하기 위해 다시 똑같은 나눗셈을 하면 본인의 실수를 발견하지 못하고 다시 똑같은 실수를 범할 확률이 높습니다. 그래서 곱셈으로 나눗셈을 검산하는 것이 효과적입니다. 아래는 교과서에 나와 있는 나눗셈의 검산 방법입니다.

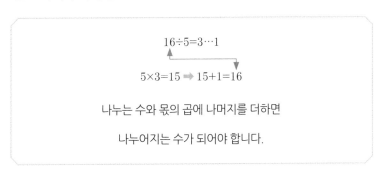

$$16 \div 5 = 3 \cdots 1$$

$$5 \times 3 = 15 \implies 15 + 1 = 16$$

나누는 수와 몫의 곱에 나머지를 더하면

나누어지는 수가 되어야 합니다.

326+187과 같은 덧셈도 보통의 필산은 세로셈일 것입니다. 그러므로 검산을 할 때는 세로셈이 아닌 다양한 방법을 사용해야 합니다. 다음과 같이 수 모형을 이용한 모델을 사용할 수도 있습니다.

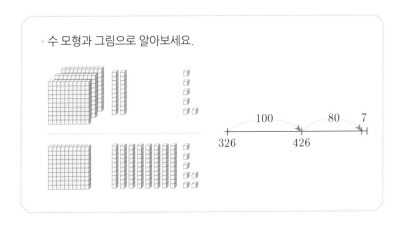

• 수 모형과 그림으로 알아보세요.

다른 방법으로 검산을 하려면 문제를 다양하게 풀 수 있어야 하므로 다양하게 풀이해 보는 경험이 중요합니다. 이는 사고의 유연성과 절차적 유창성을 길러 주고, 수학에 대한 흥미를 더해 주는 데도 많은 영향을 끼칩니다. 다양한 풀이는 학습의 깊이와 관계있으므로 학생이 내적으로 풍부함을 느끼면서 수학에 대한 동기를 갖게 합니다.

중고등학교 문제도 어림이 필요하다

필산, 즉 연필로 정확한 계산을 하기 전에 어림을 하는 과정이 꼭 초등 연산에만 필요한 것은 아닙니다. 고등학교 문제를 보겠습니다.

점 $(2, -1)$을 지나고 직선 $y=-3x+2$에 수직인 직선의 방정식을 구하시오.

학생들은 벌써부터 계산에 들어갑니다. 수직 조건을 생각해서 구하는 직선의 기울기가 $\frac{1}{3}$임을 금방 알아차립니다. 점 $(2, -1)$을 지나므로 공식에 바로 대입하면 답이 나옵니다.

$$y-(-1)=\frac{1}{3}(x-2) \text{에서} \quad y=\frac{1}{3}x-\frac{5}{3}$$

이렇게 잘 계산하면 좋지만 중간에 실수할 수도 있으니 결과에 자신감은 없습니다. 해답을 보고 그제야 자신의 답이 맞았다는 판정을 받습니다. 이렇게 푸는 학생이 대부분인데, 보다 정확하고 자신감 있게 문제를 풀려면 미리 어림하는 과정을 거쳐야 합니다. 좌표평면에 대충이라도 그래프를 스케치하면 직선의 기울기와 y절편이 얼마쯤 될 것인지를 짐작할 수 있습니다. 기울기는 주어진 직선의 방정식에서 $\frac{1}{3}$임을 바로 알 수 있고, y절편은 스케치한 그림에서 대략 -1이나 -2 정도 될

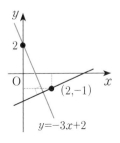

것으로 예상할 수 있습니다. 이런 정도의 어림을 가지고 문제를 풀어서 위와 같은 답이 나왔다면 그 결과에 확신을 가질 수 있습니다.

직선의 방정식 $y-(-1)=\frac{1}{3}(x-2)$를 풀 때 분수 처리에 실수가 많이 발생하고, 만약 분수를 없애는 형식으로 오지선다형이 나온다면 실수는 더욱 늘어납니다. 좌변에서 1을 우변으로 이항하는 과정에서 부호를 착각하면 $y=\frac{1}{3}x+\frac{1}{3}$이라는 결과가 나오는데, 계산 전에 어림을 하지 않는다면 결과가 틀렸더라도 그냥 운명에 맡기고 넘어가는 수밖에 별도리가 없습니다. 해답을 보기 전까지 얼마나 두근거리고 불안할까요?

오류 정정의 버뮤다 삼각형 이론

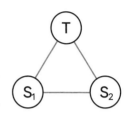

삼각형의 각 꼭짓점에는 교사와 학생1, 학생2, 이렇게 세 사람이 있습니다. 보통의 교실에서 학생1이 오류를 범하면 교사는 "누구 다른 사람?" 하며 바로 다른 학생2를 찾습니다. 그리고는 학생2를 통해 학생1의 오류를 정정하지요. 너무나 흔한 일이라서 이게 무슨 문제인가? 하고 생각할 수 있습니다. 필자도 '오류 정정의 버뮤다 삼각형Bermuda Triangle of Error Correction' 이론을 접하기 전에는, 안타깝게도 이런 방식으로 수업을 했지요.

경험적 연구에 따르면 수학적 오류는 학습 과정에 서로 다른 영향을 미칠 수 있는 다양한 원인에서 비롯됩니다. 교사마다 배경지식(교수학적 내용 지식)이 다르므로 수학적 오류가 발생했을 때 이를 처리하는 방법은 다양한 형태로 나타납니다. 오류가 발생하면 교사는 처리 여부와 처리 방법, 수정 여부를 결정해야 합니다. 오류와 이에 대한 교사의 처리 방법은 교육학적으로 매우 중요하지만, 교사가 오류 처리에 접근하는 방식은 아직 충분히 연구되지 않았습니다. 특히, 수업 토론 단계에서는 학생들의 반 친구들이 수정을 많이 합니다. 교사의 오류 처리 방식은 교수-학습 과정에 상당한 영향을 미치므로 학생들의 수학적 이해를 촉진하는 데 가장 효과적인 오류 처리 방식에 대한 고민이 필요합니다.

오류 정정의 버뮤다 삼각형 이론은 여러 학자의 보고서에 나타납니다. 히버트 등은 수학교사들의 가장 보편적인 오류 대처 행동으로, '한 학생이 틀리면 교사가 다른 학생에게 질문하여 그 학생이 정답을 말함으로써 오답이 정정되는 과정'을 말합니다. 툴리스는 '오류 정정의 버뮤다 삼각형과 같은 교사의 오류 대처는 오답을 말한 학생에게 다시 생각할 기회를 주지 않으며, 해당 과목에 대한 정서에도 부정적인 영향을 미친다'라고 보고합니다.

　『가르치는 것은 왜 그렇게 어려울까?』에는 램퍼트가 교실에서 학력이 부족한 어떤 학생이 오류를 범했을 때, 다른 학생들의 정정 욕구를 막아 내느라 오류 정정이 아닌 질문으로 시간을 끌면서 오류를 범한 학생이 스스로 자기의 오류를 정정하도록 기회를 제공하는 장면이 나옵니다. 정말 박수를 치지 않을 수 없지요. 비록 그 학생이 오류를 완벽하게 정정하지 못했더라도 램퍼트는 그 학생에게 스스로 다시 생각할 기회를 제공했고, 그 학생은 약간의 성장을 보였습니다. 그 정도면 이 수업은 그 학생에게 참여와 성장을 가져다주었고, 이후 그 학생은 수학 수업에 보다 의욕적으로 참여했을 것으로 기대할 수 있습니다.

상위권의 오답을 보고 자기 풀이를 지우는 중위권

고등학교 3학년 교실이었습니다. 마지막 학기였지요. 필자는 상위권 학생이 오류를 범하는 순간을 항상 기다리고 있었습니다. 그리고 오류를 범하지 않은 중위권 학생을 찾았습니다. 이런 구도가 만들어지면 그날 수업은 성공입니다. 그날의 과제는 그럴 가능성이 농후한 것이었습니다. 절차적인 학습에 익숙한 상위권 학생이 범하기 쉬운 오류를 가진 문제였지요.

어느 항도 0이 아닌 두 수열 $\{a_n\}$, $\{b_n\}$에 대하여

$\lim\limits_{n \to \infty} a_n = \infty$, $\lim\limits_{n \to \infty} b_n = \infty$이고, $\lim\limits_{n \to \infty}(a_n - b_n) = 5$일 때, 다음을 구하시오.

(1) $\lim\limits_{n \to \infty} \dfrac{b_n}{a_n}$ (2) $\lim\limits_{n \to \infty}\left(\dfrac{a_n^2}{b_n} - \dfrac{b_n^2}{a_n}\right)$

이 문제에서 극한값의 계산 법칙을 정확하고 주의 깊게 적용하지 않는 학생은 항상 실수를 합니다. (1)에서 $\lim\limits_{n \to \infty} \dfrac{b_n}{a_n} = 1$을 구한 것을 이용하여 (2)에서 $\lim\limits_{n \to \infty}\left(\dfrac{a_n^2}{b_n} - \dfrac{b_n^2}{a_n}\right) = \lim\limits_{n \to \infty}(a_n - b_n) = 5$라는 답을 내게 되지요. 곱셈식이나 나눗셈식의 극한값은 각각의 극한값이 수렴할 때만 계산할 수 있다는 지점을 명확하게 숙지하지 않은 학생들이 항상 걸려드는 문제였습니다. 이 문제를 명확하게 해결한 중위권 학생 2명을 발견한 순간 상위권 학생들을 살피기 시작했습니다. 그 반의 최상위 학

생이 오류를 범했습니다. 애써 태연한 표정을 지으며 최상위 학생에게 발표를 요구했습니다. 모두가 못 풀었으니 최상위권인 네가 설명해 주면 좋겠다고 간청했습니다. 항상 함정을 파 놓고 기다리는 필자의 수업 특성을 잘 아는 최상위권 학생은 교사의 간청에 잠시 긴장을 풀고 자기 풀이를 설명하기 시작했고, 오류 답안이 칠판에 적혔습니다.

이제 반전을 만들어 내야 하는 순간이 왔습니다. 나는 중위권 학생 2명의 표정을 살피며 그들이 자발적으로 이의를 제기하기를 기다렸습니다. 그런데 그들은 침묵했습니다. 왜 그런지 궁금해서 가 봤더니, 자기가 한 제대로 된 풀이를 지우고 답을 고치고 있었습니다. 최상위권 학생의 풀이와 결과가 자기 것과 다른 것을 보고 당연히 최상위권 학생의 풀이가 맞다고 생각했던 것이지요. 그래서 어이없게도 자기들 답을 고쳐 버린 것이었습니다. 이게 교실의 사회 문화입니다. 미처 고치지 못한 제 잘못이지요.

필자는 중위권 학생에게 화내는 표정을 지으며, 아까 틀린 풀이를 되살려 칠판에 적어 보도록 했습니다. 중위권 학생이 칠판에 적어 나가는 도중에 최상위권 학생은 자기 풀이에 오류가 있다는 것을 발견했습니다. 그러고는 잘못을 선언했습니다. "오늘 또 낚였네!"

학생들에게 최상위권 학생의 영향력은 교사의 권위 이상입니다. 교실 안에서는 교사도 최대한 권위를 세우지 말아야 합니다. 수학적인 판단은 각자에게 있다는 신뢰가 형성되어야 합니다. 학생들이 각자 자신의 풀이를 신뢰할 수 있어야 합니다. 교사의 권위가 아니라 학생 개인이나 학생들 사이 집단 지성에 권위가 있어야 합니다. 그룹 활동의 결과로 자신감과 신뢰감을 얻는 문화가 형성되어야 교사의 권위가 학생에게 이양됩니다. 교사가 마지막 판단 권한을 갖는 것은 교사의 잘못된 문화일 수 있습니다. 학습의 결과는 온전히 학생의 것이어야 합니다. 학습한 학생에게 저작권이 없으면 학습의 효율성은 크게 떨어질 것입니다.

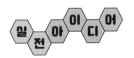

일관성을 가지고 초중고 수학 개념 연결하기

수학 개념은 초중고등학교 전체를 통틀어 연결되어야 합니다. 그리고 네 영역을 최대한 통합해야 합니다. 2022 개정 교육과정에서 강조하는 핵심 아이디어는 전이 학습에서 나온 개념입니다. 핵심 아이디어는 한마디로 말해서 전이가가 높은 개념입니다. '하나를 가르치면 열을 안다', 즉 문일지십聞─知十과도 일맥상통하는 것이 핵심 아이디어입니다.

각의 핵심 아이디어, 직각

어느 한 점을 중심으로 원과 같이 한 바퀴를 돌았을 때 만들어지는 각의 크기를 360°라고 합니다. 십진법을 사용하는 현실을 생각하면 한 바퀴가 360°인 것이 이상하지요. 한 바퀴가 100°나 1000°면 좋으련만 왜 하필 360°인가에 대해서는 여러 가지 설이 있는데, 그

기원이 명확하게 밝혀진 것은 없습니다.

초등학교에서는 360°라는 것으로 시작하지 않고 직각, 즉 90°에서 시작합니다.

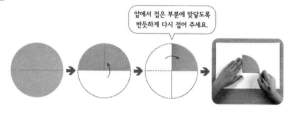

그림과 같이 종이를 반듯하게 두 번 접었을 때 생기는 각을 직각이라고 합니다.

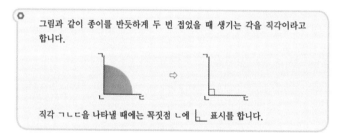

직각으로 각에 대한 설명을 시작하는 초등 교과서

이후 직각의 크기를 90°로 정의하고, 90°를 똑같이 90개로 나눈 것 중 하나를 1°로 정의합니다. 삼각형의 세 각의 크기의 합은, 삼각형을 세 조각으로 잘라 이어 붙여서 일직선이 되었을 때 일직선 안에 직각이 2개 만들어지므로 일직선, 즉 평각의 크기인 90°×2=180°가 됩니다. 이런 식으로 원은 평각의 2배인 360°라고 배우지요.

성인의 지식으로는 원이 360°이므로 평각은 180°, 직각은 90°라고 생각할 수 있지만, 초등학교에서 각도는 직각이 90°라는 원초적 사실에서 연결되어 형성됩니다. 이렇듯 여러 개념의 원초적 개념 하나만 정확히 알면 나머지가 주욱 연결되는 전이 효과를 경험할 수 있고, 이런 것을 필자는 수학 교과의 핵심 아이디어라고 생각합니다.

다각형의 내각의 합을 구하는 공식

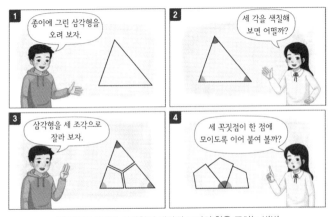

초등 교과서에서 삼각형의 내각의 크기의 합을 구하는 방법

삼각형의 내각의 크기의 합을 확인할 때, 초등 수학에서는 연결할 수 있는 이전 개념이 없으므로 삼각형을 세 조각으로 잘라 이어 붙이는 실험으로 시작합니다. 중학교부터는 평행선의 성질, 즉 평행선에서는 동위각의 크기가 같고, 엇각의 크기도 같다는 성질을 이용하여 논리적으로 증명하는 과정까지 지도하고 있습니다.

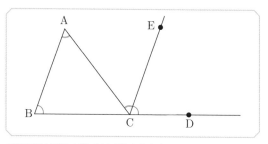

평행선의 성질을 이용해 삼각형의 내각의 크기의 합을 구하는 방법

사각형의 내각의 크기의 합은 어떻게 구할까요? 초등에서는 사각형의 내각의 크기의 합 역시 사각형을 잘라 이어 붙이는 실험을 통해 확인합니다.

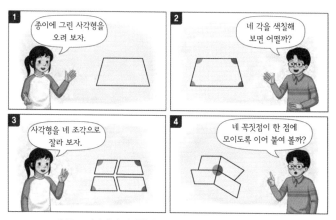

초등 교과서에서 사각형의 내각의 크기의 합을 구하는 방법

실험을 통해 확인하는 방법은 가장 낮은 수준의 정당화(증명) 방법으로, 학생들이 더 높은 수준의 정당화 방법으로 이

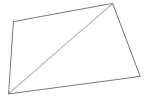

해할 수 있다면 그것을 먼저 사용해야 합니다. 사각형에 한 대각선을 그어 사각형을 두 삼각형으로 나누면 각 삼각형의 내각의 크기의 합이 $180°$이므로 사각형의 내각의 크기의 합은 $180°×2=360°$와 같이 계산할 수 있습니다. 이 방법이 잘라 붙이는 방법보다 설득력이 있는 이유는 삼각형의 내각의 크기의 합을 인정하기만 하면 연역적으로 증명이 되기 때문입니다. 연역적으로 증명할 수 있는 것을 낮은 수준의 실험을 통해 확인하는 방법은 설득력이 그만큼 떨어집니다. 사각형을 잘라 붙이는 방법은 연역적으로 증명한 결과를 확인하는 방법으로 사용하는 것이 효과적입니다.

학생이 가진 이전 개념을 연결하여 새로운 개념을 설명하는 과정은 뜬금없이 갑자기 설명하는 것보다 설득력이 강하며, 학생들이 훨씬 더 충분히 이해할 수 있습니다. 그리고 이 과정에서 학생이 가진 수학 개념을 연결하는 것은 수학에 대한 가치 인식과 흥미를 높이며, 내적인 동기를 키워 줍니다. 다각형을 삼각형으로 쪼개면 초등 과정은 아니더라도 오각형, 육각형 등의 내각의 크기의 합을 구할 수 있는 것은 물론이고 일반화도 할 수 있습니다. n각형을 대각선으로 나누면 $(n-2)$개의 삼각형이 생기므로 n각형의 내각의 크기의 합은

$180°×(n-2)$라는 공식을 유도할 수 있지요.

삼각형의 넓이를 구하는 공식에 숨은 비밀

거의 모든 성인이 기억하고 있듯이 삼각형의 넓이를 구하는 공식은 (밑변)×(높이)÷2입니다. 필자도 막연하게 공식으로만 암기하고 있었는데, 초등학교 수학교과서를 차례로 공부하면서 곱셈과 나눗셈의 개념을 접한 후 이 공식을 봤을 때 정말 소름이 끼쳤습니다. 한 공식에 곱셈과 나눗셈이 동시에 들어가 있는데도 초등학교 5학년 때 아무 생각 없이 이 공식을 외웠고, 이후 지금까지 한 번도 그 의미를 제대로 생각하지 않고 수학을 가르쳤다는 사실 때문이었습니다.

이 공식을 외우면 삼각형의 넓이를 손쉽게 구할 수 있지만, 초등학교 5학년이 과연 이 공식의 의미를 충분히 이해할 수 있을까요? 이 공식은 중학교 2학년에서 배우는 삼각형과 사각형의 성질까지 동원해야 그 의미를 설명할 수 있습니다. 단순하게는 넓이를 중학교에서 가르치는 것이 타당한가 하는 생각도 들었습니다.

초등학교에서 이 부분을 다룰 때는 정말 깊이 있는 학습이 일어나야 합니다. 그렇게 공부할 수 있도록 지도해야 합니다. 삼각형의 넓이를 학습하는 것이 어떤 의미가 있을까요?

(밑변)×(높이)÷2에서 (밑변)×(높이)는 사각형 중 평행사변형의 넓이입니다. 그리고 삼각형의 넓이는 그것을 반으로 나눈 결과인 (밑변)×(높이)÷2입니다. 이게 왜 소름 끼치는 공식이냐고요? 그 내용이 간단하지가 않기 때문이지요. 우선 2로 나눈 부분을 보면, 나

눗셈은 어떤 대상을 단순히 둘로 나누는 것이 아닙니다. 이 부분을 정확히 생각해야 합니다. 8÷2는 8을 단순히 둘로 나눈 것이 아니라 8을 똑같이 둘로 나눈 것이기 때문에 8÷2=4입니다. 8을 단순히 둘로 나누는 방법은 4와 4로 나누는 것 말고도 1과 7, 2와 6, 3과 5로도 나눌 수 있습니다. 그러므로 8÷2라는 나눗셈의 전제 조건에 '똑같이' 나눈다는 개념을 포함하지 않으면 8÷2의 결과는 하나도 정해지지 않습니다. 하나로 정해지는 것은 수학이 만들어지는 생명이라고 할 수 있는 유일성唯一性의 개념입니다.

2로 나누는 의미를 생각해 볼까요. 2로 나누는 대상을 생각해 보겠습니다. 2로 나눈 것은 사각형을 둘로 나누면 삼각형이기 때문이라고 단순하게 생각할 수 있습니다. 어떤 사각형이든 대각선을 그으면 삼각형 2개가 만들어지지만, 나눗셈의 의미에서 봤듯이 그 두 삼각형의 넓이가 똑같지 않다면 2로 나누는 나눗셈의 개념에 맞지 않습니다. 그러므로 삼각형의 넓이를 구하는 공식에서 2로 나누는 개념은 사각형이 둘로 쪼개질 때 그 넓이가 똑같아지는 사각형만이 이 공식의 대상이 된다는 것을 알려 줍니다. 그런 사각형에는 직사각형, 정사각형, 마름모, 평행사변형 등이 있습니다.

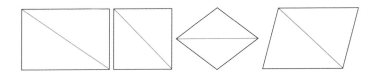

그런데 삼각형의 넓이 공식에 나오는 (밑변)×(높이)는 평행사변형의 넓이를 구하는 공식입니다. 이때 학생들은 이런 의문을 제기해야 합니다. 왜 직사각형이나 정사각형이나 마름모의 넓이를 구하는 공식을 쓰지 않고 평행사변형의 넓이를 구하는 공식으로 삼각형의 넓이를 구하는 공식을 만들었을까? 이것이 초등학교 5학년이 가져야 할 궁금증이자 호기심입니다. 삼각형의 넓이를 구하는 공식을 이용하여 계산할 수 있는 능력은 3학년이면 충분합니다. 그런데 넓이를 5학년에야 가르치는 이유는 넓이의 학습이 계산만 필요한 것이 아니기 때문입니다. 도형에 대한 충분한 감각을 갖추고 사고할 수 있어야 하지요. 초등학교에서는 '똑같은 삼각형 2개를 회전시켜 붙이면 평행사변형이 만들어지기 때문이다'라고 이해하면 충분합니다만, 그래도 여전히 왜 직사각형이나 정사각형의 넓이를 구하는 공식이 아닌 평행사변형의 넓이를 구하는 공식으로 삼각형의 넓이를 구하는 공식을 만들었는가 하는 의문이 남습니다.

이런 의문을 가진 학생은 중학교에서 연역적인 증명을 가장 많이 하는 사각형의 성질을 학습하는 단원에서 그 이유를 확실하게 깨달을 수 있습니다. 사각형의 성질 단원에서 가장 먼저 접하는 것은 초등학교와 달리 직사각형이나 정사각형이 아닌 평행사변형이고, 평행사변형이 다른 사각형을 모두 포함하기 때문이라는 것을 인식한다면, 일주일 내내 평행사변형에 관한 여러 성질을 증명하는 과정을 지겹도록 겪을 때 수학을 포기하지 않고 오히려 수학에 대한 가치와 흥미를 느낍니다. 참고로 중학교에서 평행사변형을 다루는 비중은 다른 모든 사각형을 배우는 시간을 더한 만큼과 같습니다.

중학교 2학년 교과서에서 사각형의 성질 단원은 평행사변형과 여러 가지 사각형(직사각형, 정사각형, 마름모)의 두 주제로 구성되어 있습니다. 교과서마다 약간의 차이는 있지만 두 주제의 분량은 거의 같습니다.

유일성, 수학이 만들어지는 터

누가 잘못 계산했는지 이유를 설명할 수 있나요? 자연수의 나눗셈에서 나머지는 0이거나 나누는 수보다 작아야 합니다. 그리고 이것은 고등학교 다항식의 나눗셈으로 연결됩니다. 다항식의 나눗셈에서도 나머지는 나누는 식보다 차수가 작아야 합니다. 왜 나머지는 나누는 수보다 작아야 할까요?

8÷2를 계산할 때, 나눗셈의 정의를 생각하면 8을 단순히 2로 나누는 것이 아니라 '똑같이' 2로 나눌 때만 그 결과가 4라고 할 수 있

지요. 분수 $\frac{2}{3}$는 단순히 3으로 나눈 것 중 2가 아니라 전체를 '똑같이' 나눈 것 중 2로 정의합니다.

잘 아는 대로 소수素數는 1과 자기 자신만을 약수로 가지는 수입니다. 그리고 1과 자기 자신 이외의 약수를 가지는 수는 합성수라고 하지요. 1은 약수가 자기 자신뿐이므로 소수임이 분명하지만, 1은 소수도 합성수도 아닙니다. 왜냐하면 소수는 '1보다 큰 자연수 중' 1과 자기 자신만을 약수로 가지는 수로 정의했기 때문입니다. 수학자들은 왜 1을 소수에서 제외했을까요?

뜬금없는 것 같지만 함수의 정의를 볼까요? 두 변수 x, y에 대하여 x의 값이 변함에 따라 y의 값이 하나씩 정해지는 대응 관계가 있을 때, y를 x의 함수라고 합니다. 함수의 정의와 앞에서 나온 나눗셈과 분수의 정의, 나머지의 정의에서 어떤 연관성을 느낄 수 있나요? 그것은 유일성입니다. 유일성은 수학 개념의 2가지 핵심(정의와 성질) 중 하나인 정의를 만드는 원칙입니다. 뜻을 정할 때, 즉 정의定義를 할 때는 유일하다는 점을 전제로 합니다. 어떤 개념의 뜻을 정했는데 그 뜻이 서로에게 다르면 의사소통의 문제가 발생하겠지요. 수학은 그런 혼란을 미연에 방지하고 논리적으로 모순이 없는 상황을 만든다는 특징을 유지하기 위해 정의를 할 때마다 유일성을 가장 중요한 가치로 여깁니다.

넓이 공식의 핵심 아이디어, 1 cm²

초등학교 5학년 다각형의 넓이를 지도하는 과정에서 개념의 연결을 살펴보겠습니다.

사각형의 넓이의 기본은 넓이의 단위인 1 cm² 크기의 정사각형을 이용하는 것입니다. 넓이의 시작점에서는 연결할 이전 개념이 하나도 없으므로 직관적으로 정의를 해 줘야 하지요. 그것이 1 cm²라는 넓이의 단위입니다. 이것으로 넓이를 재기 가장 쉬운 도형이 직사각형입니다.

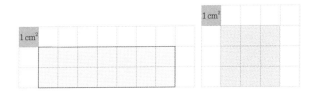

왼쪽 직사각형 안에 1 cm²의 넓이가 7개씩 2줄 있으므로 직사각형의 넓이는 7×2=14(cm²)이고, 오른쪽 정사각형 안에 1 cm²의 넓이가 3개씩 3줄 있으므로 정사각형의 넓이는 3×3=9(cm²)입니다. 이렇게 해서 직사각형의 넓이를 구하는 공식 (가로)×(세로)가 만들어집니다. 이 방법은 넓이의 단위와 곱셈의 개념을 연결한 것입니다.

이제 평행사변형의 넓이를 구하는 과정을 살펴보겠습니다. 평행사변형의 넓이는 직사각형의 넓이를 이용해서 구할 수 있습니다. 평행사변형의 기울어진 부분을 잘라서 옮겨 붙이면 직사각형이 됩니다. 평행사변형의 넓이는 직사각형의 넓이와 같으므로 직사각형의 넓이를 구하는 공식을 그대로 적용하면 됩니다. 그래서 평행사변형의 넓이를 구하는 공식 (밑변)×(높이)가 만들어집니다.

그런데 초등 교과서를 보면 이 방법보다 우선하여 지도하는 것이 모눈종이를 이용하여 $1\,cm^2$의 개수를 세는 방법입니다. 이것은 직사각형의 넓이를 구하는 방법을 모를 때는 유효하지만, 그게 아니라면 이미 알고 있는 지식을 연결할 때보다 논

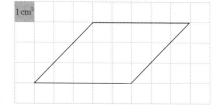

리적인 설득력이 떨어져서 학생들의 이해도가 낮게 나타납니다. 이 방법은 직사각형의 넓이를 이용하는 방법을 학습한 후 확인하는 과정에 지도되어야 합니다.

이후에 넓이를 구하는 상황은 삼각형으로 연결되며, 삼각형 역시 모눈종이로 접근하는 것보다 삼각형 2개를 회전시키고 이어 붙였을 때 만들어지는 평행사변형의 넓이를 통해서 논리적인 연결을 경험하는 것이 이해하기가 더 쉽습니다. 그래서 삼각형의 넓이는 평행사변형의 넓이를 구하는 공식 (밑변)×(높이)를 2로 나눈 값이 됩니다.

이후 마름모나 사다리꼴의 넓이를 구하는 공식은 유난히 복잡한

데, 논리적인 연결을 거치면 오히려 간편하게 구할 수 있습니다.

대부분의 초등 교과서는 마름모의 넓이를 구하기 위해 마름모를 둘러싸는 직사각형을 그리는 방법을 이용하여 (한 대각선의 길이)×(다른 대각선의 길이)÷2라는 아주 길고 복잡한 공식을 유도하는데, 이는 정말 어려운 발상입니다. 마름모라는 도형의 넓이를 구하려면, 마름모를 한 대각선으로 잘라서 만들어지는 두 삼각형 중 한 개의 넓이를 구해 2를 곱하거나, 마름모를 두 대각선으로 잘라서 만들어지는 네 삼각형 중 한 개의 넓이를 구해 4를 곱하면 그만입니다. 마름모를 둘러싸는 직사각형을 그리는 아이디어는 훌륭하지만 어려운 발상입니다. 그렇게 만들어지는 복잡한 공식은 아이들에게 압박감을 줄 것입니다.

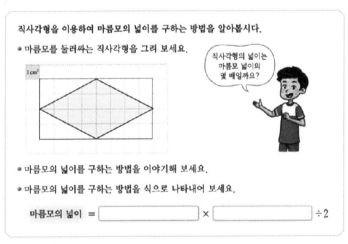

직사각형을 이용해 마름모의 넓이 공식을 유도하는 초등 교과서

사다리꼴의 넓이 역시, 없는 사다리꼴을 하나 더 가져와 기다란 평행사변형을 만드는 대신, 내부에 한 대각선을 그려서 만들어지는 두 삼각형의 넓이를 각각 구해 더하면 그만입니다. 아주 복잡한 {(윗변의 길이)+(아랫변의 길이)}×(높이)÷2라는 공식은 외우기도 쉽지 않지요.

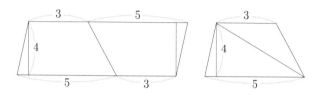

왼쪽의 계산은 $\frac{(3+5)\times4}{2}=16$이고, 오른쪽의 계산은 $\frac{3\times4}{2}+\frac{5\times4}{2}$ $=16$입니다. 오른쪽과 같이 대각선 하나만 그으면 기존의 삼각형의 넓이를 구하는 공식을 연결할 수 있는데, 굳이 눈에 보이지도 않는 사다리꼴을 하나 더 생각해서 그것을 회전하여 붙이는 작업은 깊은 사고력을 보여 주지만 지극히 어려운 작업입니다.

헷갈리는 분수의 사칙연산

중학교 교사가 초등학교를 막 졸업하고 온 중학교 1학년 학생들을 대상으로 초등 수학에서 가장 어려웠던 부분을 묻는 설문 조사를 했습니다. 1위는 놀랍게도 자연수의 혼합계산이었습니다. 다들 뜻밖이라고 생각할 것입니다. 2위는 충분히 예상 가능한, 분수의 사칙연산이었지요. 왜 그런가 물었더니 공식이나 법칙이 너무 많아서 헷갈린다고 했답니다.

분수의 사칙연산에서 아이들이 헷갈리는 부분을 살펴보겠습니다.

분수의 덧셈과 뺄셈은 분모를 같게 만드는 통분을 한 다음, 분모는 그대로 두고 분자끼리만 더하거나 빼면 됩니다. 그런데 분수의 곱셈은 분모는 분모끼리 분자는 분자끼리 곱해야 하지요. 어디 그뿐입니까? 분수의 나눗셈은 나누는 분수의 분자와 분모를 바꾸어(역수를) 곱해야 합니다. 정말 공식이 다 달라서 헷갈리는군요.

$$\frac{3}{6}+\frac{2}{6}=\frac{3+2}{6}=\frac{5}{6}, \ \frac{3}{6}-\frac{2}{6}=\frac{3-2}{6}=\frac{1}{6}$$

$$\frac{2}{5}\times\frac{3}{4}=\frac{2\times3}{5\times4}=\frac{6}{20}, \ \frac{4}{7}\div\frac{2}{7}=\frac{4}{7}\times\frac{7}{2}=\frac{28}{14}=2$$

중학생 중에는 분수의 덧셈을 할 때 분모까지 더하는 학생이 있고, 곱셈을 할 때 분자만 곱하는 학생도 있습니다. 초등학교 때는 분수의 사칙연산 공식을 잊지 않아서 틀리지 않았다고 하는데, 몇 년이 지난 후에는 그 공식이라는 것 자체가 헷갈리기 때문에 중학생의 설문 조사에서 가장 어려웠다는 결과가 나왔습니다. 이렇게 개념적인 연결 없이 공식만 암기하면 절대 장기 기억화 되지 않으므로 학생들은 해당 내용을 종종 틀리면서 수학에 대한 부정적인 인식만 쌓아 가게 됩니다.

분수의 사칙연산도 일관성이 중요하다

분수의 사칙연산은 한 가지 개념만 가지고 해결해야 일관성을 가질 수 있으며, 헷갈리거나 실수하지 않을 수 있습니다. 그것은 바로 분수의 정의입니다. 3학년에서 분수를 배울 때 전체를 똑같이 2로 나눈 것 중의 1을 $\frac{1}{2}$, 전체를 똑같이 3으로 나눈 것 중의 2를 $\frac{2}{3}$라고 정의했습니다. 일반화하면, 전체를 똑같이 n으로 나눈 것 중의 m을 $\frac{m}{n}$이라는 분수로 쓰는 것입니다. 이 분수의 정의 하나만으로 분수의 사칙연산을 해결할 수 있어야만 헷갈릴 때 도움을 받을 수 있습니다.

$\frac{3}{6}$은 전체를 똑같이 6으로 나눈 것 중의 3이고, $\frac{2}{6}$는 전체를 똑같이 6으로 나눈 것 중의 2이므로 $\frac{3}{6}+\frac{2}{6}=\frac{5}{6}$입니다. $\frac{2}{5}$는 전체를 똑같이 5로 나눈 것 중의 2인데, 여기에 그것을 똑같이 4로 나눈 것 중의 3인 $\frac{3}{4}$을 곱하면 $\frac{2}{5}\times\frac{3}{4}=\frac{2\times3}{5\times4}=\frac{6}{20}$이 됩니다. 그림으로 비교해 보면 정확하게 계산이 되지요.

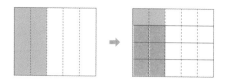

최악의 공식은 분수의 나눗셈입니다. 전체를 똑같이 7로 나눈 것 중의 4인 $\frac{4}{7}$를 전체를 똑같이 7로 나눈 것 중의 2인 $\frac{2}{7}$로 나누는 것은 결국 4를 2로 나누는 것과 같습니다. 그래서 $\frac{4}{7}\div\frac{2}{7}=4\div2=2$인 것입니다. 굳이 역수를 곱할 이유가 없습니다. 분수의 나눗셈도 통분만 하면 분자끼리의 나눗셈, 즉 자연수의 나눗셈으로 해결할 수 있습니다.

확률의 핵심 아이디어, 분수

다음은 한때 EBS 강의에서도 굉장히 논란이 되었던 문제입니다. 당시 풀이에서 헷갈리는 모습을 보였던 당사자는 학생들이 아니라 수학교사들이었습니다. EBS 게시판에서는 거의 9:1로 나뉘는 논쟁이 벌어졌지요. 오류를 주장하는 교사들이 9였고, 소수의 교사만이 제대로 분수의 개념을 연결했지요. 왜 수학교사들마저 오류를 범했을까요? 그것은 수학교사 역시 초등 시절에 분수를 개념적으로 배우지 못했고, 교사가 된 이후 중고등학교에서는 분수의 개념을 별도로 가르치지 않았기 때문입니다. 필자도 그랬던 시절이 있고요.

매일 아침 한 학생이 A에서 C로 걸어간다. 각 교차점에서 동쪽 또는 북쪽의 길로만 다니고, 갈림길에서 한 방향을 택할 확률은 $\frac{1}{2}$이라고 할 때, 이 학생이 B를 지나갈 확률을 구하시오.

고등학교 2학년 정도면 이런 문제를 보통 1분 안에 풉니다. 모든 경우의 수는 $\frac{4!}{2!2!}=6$, B를 거쳐 가는 경우의 수는 $\frac{2!}{1!1!}\times\frac{2!}{1!1!}=4$ 이므로 구하는 확률은 $\frac{4}{6}$입니다. 이렇게 푸는 학생이 99퍼센트입니다. 그런데 이 풀이가 맞는 것이 아닙니다. 왜냐하면 모든 경우의 수가 항상 확률의 분모가 되는 것은 아니니까요.

확률에서 모든 경우의 수가 분모가 되려면 분수에서 분모의 조건을 갖춰야 합니다. 확률의 정의에서 '모든 경우가 일어날 가능성이 같을 때'라고 표현된 내용은 분모의 조건, 즉 '전체를 똑같이 나눌 때'와 연결됩니다. 이 문제에서 6가지의 모든 경우 각각이 일어날 가능성은 같지 않으므로 6가지를 이용하여 문제를 해결하면 오류가 발생합니다.

실제 정답은 다음과 같이 $\frac{1}{2}$입니다. $\frac{4}{6}$가 아닙니다.

A→B의 확률은 $\frac{1}{2}\times\frac{1}{2}+\frac{1}{2}\times\frac{1}{2}=\frac{1}{2}$, B→C의 확률은 $\frac{1}{2}\times1+\frac{1}{2}\times1=1$ 이므로 A→B→C 확률은 $\frac{1}{2}\times1=\frac{1}{2}$

이 문제를 푸는 데 필요한 원초적인 개념은 초등 수학에 있습니다. 초등에서 처음 분수를 배울 때 정확히 개념적으로 배우지 못하고 단순 암기로 배웠다면 그 결과는 이후 고등학교 학습에 악영향을 끼칩니다.

처음 분수를 배울 때는 $\frac{1}{3}$의 의미를 분명 정확히 배웠습니다. '어떤 것을 3개로 나눈 것 중 하나'가 아니라 어떤 것을 3개로 '똑같이' 나눈 것 중 하나가 분수 $\frac{1}{3}$의 정확한 정의입니다. 확률이나 분수에서는 똑같이 나눈다는 전제 조건이 아주 중요한 개념인데, 확률 문제를 많이 풀다 보면 이 말이 귀찮아지고 점차 잊힙니다. 동전이나 주사위를 던지는 상황처럼 똑같다는 조건이 이미 친절하게 갖춰진 문제만 많이 풀다 보면 그 민감성이 사라지기도 합니다.

다음 문제는 2005학년도 대학수학능력시험 기출 문제입니다. 찍어도 20퍼센트의 정답률이 나오는 오지선다형 문제에서 정답률이 35퍼센트 정도 나온 문제였기에 당시 엄청난 충격을 줬습니다. 더구나 ①과 ③의 두 답지 선택률의 합이 90퍼센트 정도였다는 것은 우리나라 학생들이 경우의 수를 정말 잘 구한다는 사실을 증명해 줬습니다. 그런데 전체 경우의 수를 6×6=36으로 구하는 것은 성공했지만 한 눈이 다른 눈의 배수가 될 사건의 수를 구하는 과정에서 확률의 전제 조건, 즉 확률을 분수로 표현한다는 것에 대한 민감성이 사라져 똑같은 가능성을 가진 것을 의식하지 못했지요. 예를 들면 (1, 2)와 (2, 1)은 어느 한 주사위는 1의 눈이 나오고, 다른 주사위는 2의 눈이 나온 것입니다. 이 경우의 수를 1가지로 셀지, 2가지로 셀지 판단할 때는 직관이 아니라 확률의 정의에 따라야 하지요. 당연히 2가지로 세어야 합니다.

Q. 주사위 두 개를 동시에 던질 때, 한 눈이 다른 눈의 배수가 될 확률은?

① $\frac{7}{18}$　　② $\frac{1}{2}$　　③ $\frac{11}{18}$　　④ $\frac{13}{18}$　　⑤ $\frac{5}{6}$

이렇듯 초등학생, 중학생, 고등학생 할 것 없이 학생들에게는 온전한 개념적인 학습, 즉 개념 학습이 부족합니다. 가장 큰 원인은 학교 정규 고사가 대부분 오지선다형이나 단답형 수준에 머물고 대입에 결정적인 역할을 하는 수능마저 오지선다형과 단답형으로만 이루어지기 때문입니다. 당연히 찍기 위주의 암기 학습이 성행할 수밖에 없습니다.

이 중 학교 시험이 큰 원인을 제공했다고 봅니다. 범위가 좁은 만큼 정규 고사에서는 개념 학습보다 공식 암기 학습이 위력을 발휘하기 때문입니다. 자기주도적으로 개념 학습을 한 학생은 80점대, 사교육에서 공식 암기 훈련을 받은 학생은 90점대 점수를 받는 일이 많이 발생하면서 학생이나 부모 모두 개념 학습을 멀리하게 되었습니다.

문제는 수능입니다. 수능 문제는 오지선다형이나 단답형으로 출제되어도 단기간의 공식 암기 학습으로는 해결하기가 어렵습니다. 그러나 이미 11년 동안 몸에 밴 학습 습관을 고칠 수는 없는 일입니다. 다음은 어떤 부모의 목소리입니다.

아이가 사칙연산에서 실수를 하고 단위 표기를 빼먹거나 단위를 착각하는 것이 연습이 부족하고 부주의한 탓이라고 생각해서 틀린 문제를 다시 보게 했습니다. 안타깝게도 문제는 개선되지 않았고 아이는 수학을 점점 더 싫어하게 되었습니다. 개념이 부족해서라는 것을 왜 진즉 깨닫지 못했는지 후회가 됩니다.

이등변삼각형에서 정삼각형으로 가는 길

정삼각형의 한 각의 크기가 60°라는 사실을 암기하는 일은 어렵지 않습니다. 성인들도 대부분 기억하고 있는 사실이지요. 그런데 그냥 암기의 대상으로 삼고 넘어가기에는 초등학교 3학년에게도 너무나 아까운 학습 주제입니다. 초등학교 3학년은 정삼각형을 이등변삼각형에 이어서 학습합니다. 바로 다음 시간으로 이어지지요. 이등변삼각형에서부터 차근차근 논리적으로 연결해 보는 경험은 쉽기도 하고, 그래서 더욱 놀라움을 경험할 수 있는데 대부분 그냥 외워 버리는 탓에 수학이 꽤 괜찮은 과목임을 느낄 수 있는 좋은 학습 기회를 날려 버리는 것이 안타깝습니다.

이등변삼각형의 정의는 두 변의 길이가 같은 삼각형입니다. 이로부터 두 각의 크기도 같다는 성질이 유도되지요. 이등변삼각형의 두 각의 크기가 같다는 성질은 초등에서는 종이를 접어 보는 실험이나 각도기로 측정하는 과정을 통해 확인할 수 있습니다. 중학교에 오면 삼각형의 합동 조건을 이용하여 논리적으로 증명합니다.

정삼각형의 정의는 세 변의 길이가 같은 삼각형입니다. 그래서 정삼각형은 이등변삼각형이기도 합니다. 이등변삼각형이므로 이등변삼각형의 성질에 따라 두 각의 크기가 같습니다. 그런데 정삼각형은 세 변의 길이가 같기 때문에 세 쌍의 두 각의 크기가 같아서 결국은 세 각의 크기가 모두 같게 됩니다. 여기서 중요한 것은 정삼각형의 세 각의 크기가 모두 같다는 성질을 어떻게 증명하는가의 문제입니다. 초등 수학교과서는 여전히 측정이나 실험 방법을 고집하고 있지만 이등변삼각형의 성질을 이용하면 이와 같은 높은 수준의 논리적인 증명이 가능합니다. 기피할 이유는 없습니다. 논리적인 이해가 어려운 학생에게는 측정에 의한 증명을 해 주면 됩니다. 그러나 모든 아이에게 논리적인 증명을 회피하는 것에는 과연 꼭 그래야만 하는지 의문을 표하지 않을 수 없습니다.

여하튼 정삼각형의 세 각의 크기가 모두 같다는 성질을 증명한 후에 각도를 배우면 모든 삼각형의 세 각의 크기의 합은 180°라는 성질을 알게 되고, 정삼각형의 세 각의 크기가 같으므로 똑같이 나누는 나눗셈의 정의에 따라 180°÷3=60°라는 성질을 논리적으로 증명할 수 있습니다. 이런 경험이 쌓여서 수학에 대한 내적 동기가 생기고 수학 공부의 가치를 느끼게 되는 것입니다.

초중고 연산의 일관성

중학교 3학년 제곱근의 덧셈과 뺄셈 단원에서는 무리수를 문자로 생각하여 분배법칙을 사용하는 등 다항식의 계산 방법을 이용합니다. 무리수의 계산과 다항식의 계산 방법을 연결하는 것이지요.

교과서의 "$\sqrt{2}$를 하나의 문자로 생각하면"이라는 방법 제시를 보고 학생이 '어떻게', '왜'와 같은 질문을 합니다. $\sqrt{2}$는 문자가 아니라 숫자, 즉 무리수라고 배웠기 때문입니다. $\sqrt{2}$는 문자가 아니라 숫자인데 왜 문자로 생각해야만 하는지를 고민할 수 있어야 합니다.

교사의 답변은 쉽지 않습니다. 이후 제곱근의 덧셈과 뺄셈 방법에 나오는, '다항식의 덧셈과 뺄셈에서 동류항을 모아 계산한 것과 같은 방법'이라는 내용과 연결해야 합니다. 그러려면 초등학교에서부터 이어져 오는 단위 개념을 이용해야 하지요.

예를 들어 $\frac{5}{7}-\frac{3}{7}=\frac{2}{7}$인 이유를 흔히 '공식'이라고 불리는 풀이 방법인, 분모가 같은 분수의 뺄셈에서는 분자끼리만 빼면 되기 때문이라고 설명하지만, 개념적인 설명은 분수의 근본 개념인 단위분수를 이용하여 단위분수 $\frac{1}{7}$이 5개 있는 $\frac{5}{7}$에서 $\frac{1}{7}$이 3개 있는 $\frac{3}{7}$을 빼면 $\frac{1}{7}$이 2개 남으므로 그 결과는 $\frac{2}{7}$가 된다는 것입니다. 단위 개념은 중학교에서 문자를 사용하는 다항식의 연산으로 그대로 연결됩니다.

$5x-3x=2x$인 이유를 흔히 공식이라고 할 수 있는 분배법칙을 이용하여 $5x-3x=(5-3)x=2x$로 설명하지만, 이는 말 그대로 공식에 불과합니다. 개념적인 설명은 단위분수와 마찬가지로, $5x=5\times x$이고 곱셈은 똑같은 수를 반복하여 더하는 덧셈이므로 x가 5개 있는 $5x$에서 x가 3개 있는 $3x$를 빼면 x가 2개 남기 때문에 그 결과는

$2x$가 된다는 것입니다.

이는 무리수의 연산에도 그대로 이어집니다. $5\sqrt{2}-3\sqrt{2}$에서 $5\sqrt{2}$ 는 $\sqrt{2}$가 5개, $3\sqrt{2}$는 $\sqrt{2}$가 3개 있는 것이므로 $5\sqrt{2}-3\sqrt{2}$를 계산하면 $\sqrt{2}$가 2개 남아서 $2\sqrt{2}$가 되는 것이지요. 그리고 이건 $\sqrt{2}$를 문자로 생 각하는 것과 같습니다.

학생들은 교과서에 제시된 "제곱근의 덧셈과 뺄셈은 다항식의 덧 셈과 뺄셈에서 동류항끼리 모아서 계산한 것과 같은 방법으로"라는 문구에서 중학교 1학년 때 공부한 다항식의 덧셈과 뺄셈, 동류항 정 리 등을 떠올리고 연결할 수 있어야 합니다.

이런 식으로 확장하면 고등학교에서 다루는 복소수의 사칙연산도 똑같은 방법으로 해결할 수 있습니다.

비례식에 대한 어떤 초등학생의 질문

중고등학교에서 문제를 해결하는 과정에 많이 쓰이는 비례식의 성질은 초등학교 6학년에서 다룹니다. 그런데 초등학교이기 때문에 이를 충분히 증명하지 못하고 1~2개의 예시로 외항의 곱과 내항이 곱이 같다는 성질을 욱여넣습니다. 6학년 학생이 묻습니다. 왜 비 례식에서는 항상 외항의 곱과 내항의 곱이 같나요? 사람이라면 당연 히 가질 수 있는 의문입니다. 학생은 선생님에게서 교과서의 설명 수 준, 즉 한 예시로 일반화하는 정도 이상의 충분한 설명을 듣지 못했습니다. 집에 와서 부모님께 물었습니다. 부모님 역시 이상함을 느꼈지만 답변을 해 줄 수 없었습니다. 필자가 운영하는 인터넷 카페로 설명의 책임이 돌아왔습니다. 필자도 '초등학교 교과서에 따르면 선생님도 충분히 설명하기 어렵고, 부모님도 마찬가지고…'라고 답할 수밖에 없었습니다.

문자 기호 a, b 등을 사용하지 않고 비례식의 성질을 증명하는 것이 쉽지 않습니다만 그렇다면 그것을 꼭 6학년에서 가르쳐야 하는가의 문제가 하나 있고, a, b 등을 사용하지 않으면 정말 설명하는 것이 불가능한가의 문제가 있습니다.

이때 비례식의 성질을 사용하지 않고 비의 성질로 문제를 해결하는 방법을 쓸 수 있습니다. 실제로 일부 나라에서는 비례식의 성질을 다루지 않습니다. 비례식의 성질을 이용하지 않고도 얼마든지 비례 관계를 다루는 문제를 해결할 수 있습니다. 비례식의 정의만 알면 충분합니다.

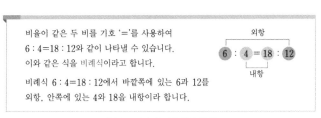

초등 교과서의 비례식의 정의

비례식은 비율이 같은 두 비를 등호를 사용하여 나타낸 식입니다.

비 6:4의 비율은 $\dfrac{6}{4}=\dfrac{3}{2}$이고, 비 18:12의 비율도 $\dfrac{18}{12}=\dfrac{3}{2}$으로 같습니다. 그래서 6:4=18:12라는 비례식이 만들어진 것입니다.

이제 비례식의 성질을 이용하여 다음 문제를 풀어 볼까요?

Q. **건강을 위해서 쌀 87 g에 잡곡 213 g을 섞어 밥을 지을 때 쌀 174 g에 섞어야 할 잡곡은 몇 g인가요?**

쌀 174 g에 섞어야 할 잡곡을 ☐ g이라고 하면

$87 : 213 = 174 : ☐$

비례식의 성질을 사용하면

$87 × ☐ = 213 × 174 = 37062$

그러므로 ☐ $= 37062 ÷ 87 = 426 \,(g)$

엄청 복잡하지요. 계산기 없이 213×174를 계산하는 것은 상상하기도 힘듭니다. 그런데 비례식의 정의와 비의 성질을 생각하면 이런 계산이 전혀 필요 없습니다. 174가 87의 2배이므로 구하는 잡곡의 무게는 213 g의 2배입니다. 힘들게 구한 426은 213의 2배일 뿐입니다. 허무하지요?

유리수의 순환성 발견하기

중학교 2학년 학생에게 물었습니다. "$\dfrac{1}{17}$은 순환소수인가요?"

개념이 있다면 어떻게 생각해야 할까요? 유리수 $\frac{1}{17}$의 분모 17은 인수가 2나 5로만 되어 있지 않으므로 $\frac{1}{17}$은 순환소수가 될 수밖에 없다는 것을 생각해 낼 수 있습니다. 이렇게 아무것도 손댈 것 없이 순환소수라는 답을 낼 수 있습니다.

그런데 개념이 없는 많은 학생은 다짜고짜 연필을 듭니다. 그리고 열심히 나눕니다. 1 나누기 17이라 쓰고 세로로 계속 열다섯 번이나 나눕니다. 순환이 될까요? 안 되겠지요.

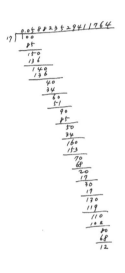

같은 숫자가 반복되지 않습니다. 그러다 보면 이제 더는 계산할 수 없을 것입니다. 연습장이 밑에까지 다 차 버릴 테니까요. 여기서 두 번만 더 나누면 드디어 순환소수라는 사실을 발견하게 될 텐데, 안타깝습니다. 물론 두 번 더 나누지 못해 안타까운 것이 아니라 유리수의 개념을 모르고 있다는 사실이 안타까운 것입니다.

여기서는 순환소수에 대해 교과서가 좀 더 깊이 있게 가르치지 못하고 있는 탓에 순환의 개념을 정확하게 갖지 못한 것으로 생각할 수 있습니다. 즉, 왜 유리수는 순환할 수밖에 없는지를 발견하게끔 지도하지 못하고 주입식으로 지식을 제시한 것이 문제입니다. 순환하는 진짜 이유는 나머지가 유한하기 때문입니다. 교과서가 그 사실을 발견하는 학습 과정을 정확히 제시했거나 선생님이 수업에서 학습지나 다른 방법을 통해 이러한 내용을 학습하도록 도움으로써 학생이 자기주도적으로 순환성을 발견하는 수업이 이뤄졌더라면 이렇게 무작정 나누는 일은 하지 않았을 것입니다.

초등교사가 중학생 자녀를 더 잘 가르칠 수 있다

과거에는 초등 고학년 수학을 중등 수학 전공자가 가르치는 것이 효과적이라고 생각했는데, 이제는 반대의 경우가 가능하다는 것을 깨닫게 되었습니다. 사실은 초등교사가 중학생을 지도하는 것이 더 효과적이라는 생각이 강해졌습니다. 첫 번째 이유는 중등 수학 전공자가 초등 수학을 잘 모른다는 것이고, 두 번째 이유는 초등학생의 심리 역시 잘 모른다는 것입니다.

중학생 자녀를 둔 초등교사라면 중학교에 올라간 자녀가 다음과 같은 분배법칙을 이상하게 생각하고 있을 때 초등에 나오는 곱셈의 개념과 분수의 덧셈과 뺄셈의 개념을 연결하여 생각하도록 도울 수 있습니다.

$$2x+3x=(2+3)x$$

중학생: 선생님! 왜 갑자기 괄호로 묶어요?

중학교 수학교사: 분배법칙을 사용한 거야.

중학생: 분배법칙이 뭔가요? 왜 사용해야 해요?

중학교 수학교사: 문자식을 계산할 때는 분배법칙을 이용하면
　　　　　　　　　간단하게 동류항을 정리할 수 있어.

중학생: 동류항 정리요? 그건 또 뭔가요?

중학교 수학교사: 아…

$$2x+3x=(2+3)x$$

중학생: 엄마! 왜 갑자기 괄호로 묶어요?

초등교사: 어디 보자… 아~ $2x$가 뭐지?

중학생: $2x$는 수와 문자 사이의 곱셈 기호를 생략한 거니까 $2×x$예요.

초등교사: 아~ $2×x$! 너 $2×x$의 뜻이 뭔지 기억할 수 있어?

중학생: 그거요? 곱셈이 똑같은 수를 반복해서 더하는 것이니까 $x+x$네요.

초등교사: 그럼 $3x$는?

중학생: 이제 알겠어요. $3x=x+x+x$니까

결국 $2x+3x=x+x+x+x+x=5x$!!!

분배법칙 때문에 헷갈렸는데 결국 곱셈으로 해결되네요.

초등교사: 그러게. 나도 몰랐다. 분배법칙의 기초가 곱셈이라니.

법칙이라고 해서 무슨 큰 뜻이 있고 반드시 외워야만

하는 줄 알았는데 말야.

　　최근 한 초등교사의 자녀가 중학교에 입학했습니다. 이 교사는 아이가 사교육이나 선행학습에 의존하지 않고 자기주도적으로 공부하게끔 도와주고 싶어서 자녀와 함께 중학교 수학 공부를 시작했습니다. 그리고 아이가 중학교 수학에서 어려운 부분이 생겼을 때 자기의 조언이 먹혀서 신기했다고 말했지요. 예를 들어 아이가 중학교 1학년 내용인 분배법칙을 막연한 공식처럼 느껴서 갑갑해하기에 직접 분배법칙을 공부해 보았더니 그 기초가 곱셈의 정의임을 발견하게 되었답니다. 그래서 아이에게 그 내용을 조언했더니, 신기하게도 아이가 그걸 이해하고 설명해 냈다는 것입니다.

또 일차방정식을 활용하는 많은 문제는 비례식의 성질을 사용합니다. 아이가 비례식의 성질을 마치 공식처럼 사용하는 것에 불편함을 느끼자 이 교사는 비례식의 성질을 사용하는 맥락을 고민하게 되었습니다. 그랬더니 중학교에서는 비율의 개념과 비례식의 정의를 전혀 의식하지 않고 마치 공식처럼 비례식의 성질, 즉 외항의 곱은 내항의 곱과 같다는 성질만 반복하여 적용하고 있어서 왜 그런지를 설명해 내기가 어려운 상황임을 알게 되었지요. 그래서 아이에게 문제가 쉽게 풀리는 비례식의 성질을 사용하는 방법보다 비율의 개념과 비의 성질을 다시 상기시켜서 조금 돌아가더라도 개념적으로 문제를 푸는 방식을 권했더니 가볍게 일차방정식의 활용 문제를 해결했다는 것입니다.

필자는 이전까지 초등 고학년 수학을 중등 수학 전공자가 교과 전담으로 가르칠 것을 주장했는데, 초등 수학을 공부한 지금은 그 생각이 반대로 바뀌었습니다. 초등교사가 중학교 저학년 수학을 가르치는 것이 아이들의 수학 학습에 훨씬 도움이 된다고 생각합니다. 초등 수학을 개념적으로 모두 가르쳐 본 고경력 초등교사가 초등 개념을 거의 모르는 중등 수학 전공 교사보다 학생들에게 더 유익하리라는 생각은 다소 생소하지만 새로운 경험이 될 것입니다.

초등학교의 비례배분과 고등학교의 내분점

비례배분은 초등에서 다루기 때문에 중등교사들이 잘 사용하지 않는 개념입니다. 선분의 내분점의 좌표를 구할 때 고등학교 교과서에서는 비례배분을 다루지 않고 비례식을 세우는 방법으로 해결합니다.

$$\overline{AP}=x-x_1, \qquad \overline{PB}=x_2-x$$

$\overline{AP}:\overline{PB}=m:n$에서

$$(x-x_1):(x_2-x)=m:n$$

이므로 $\qquad x=\dfrac{mx_2+nx_1}{m+n}$

이제 비례배분을 이용해 볼까요? 초등에서는 문자를 사용하지 않지만 일반화를 위해 문자를 사용합니다. 전체를 주어진 비로 나누는 것을 비례배분이라고 합니다. 두 사람 A, B에게 전체를 $m:n$으로 나누어 준다면

A의 몫은 전체의 $\dfrac{m}{m+n}$, B의 몫은 전체의 $\dfrac{n}{m+n}$

입니다. 비례배분을 이용하여 선분의 내분점의 좌표를 구하면

$$(x_2-x_1)\times\dfrac{m}{m+n}=x-x_1$$에서 $\qquad x=\dfrac{mx_2+nx_1}{m+n}$

을 바로 구할 수 있습니다.

중학교와 고등학교에서의 이차방정식의 근의 공식의 차이

중학교 교과서에서는 이차방정식의 근의 공식을 다음과 같이 설명합니다.

	$ax^2+bx+c=0$(단, $a \neq 0$)의 풀이
❶ 양변을 x^2의 계수로 나누기	$x^2+\dfrac{b}{a}x+\dfrac{c}{a}=0$
❷ 상수항을 우변으로 이항하기	$x^2+\dfrac{b}{a}x=-\dfrac{c}{a}$
❸ 좌변을 완전제곱식으로 고치기	$x^2+\dfrac{b}{a}x+\left(\dfrac{b}{2a}\right)^2=-\dfrac{c}{a}+\left(\dfrac{b}{2a}\right)^2$ $\left(x+\dfrac{b}{2a}\right)^2=\dfrac{b^2-4ac}{4a^2}$
❹ 제곱근 구하기	$x+\dfrac{b}{2a}=\pm\dfrac{\sqrt{b^2-4ac}}{2a}$(단, $b^2-4ac \geq 0$)
❺ 해 구하기	$x=-\dfrac{b}{2a}\pm\dfrac{\sqrt{b^2-4ac}}{2a}$ $=\dfrac{-b\pm\sqrt{b^2-4ac}}{2a}$

중학교 때는 근의 공식 유도 과정 ❹에 단서로 붙은 $b^2-4ac \geq 0$이 별다른 논란이 되지 않습니다. 고등학교에 오면 $b^2-4ac \geq 0$이라는 단서가 사라지는데도 다음과 같이 근의 공식을 당연한 것으로 받아들이고 넘어갑니다.

• 이차방정식의 실근과 허근

중학교에서는 이차방정식의 근을 실수까지만 생각하였지만, 이제부터는 복소수까지 확장하여 생각하기로 한다.

계수 a, b, c가 실수인 이차방정식 $ax^2+bx+c=0$의 근은

$$x=\frac{-b\pm\sqrt{b^2-4ac}}{2a}$$

이고, 여기서

$b^2-4ac\geq0$이면 $\sqrt{b^2-4ac}$는 실수, $b^2-4ac<0$이면 $\sqrt{b^2-4ac}$는 허수

이므로 이차방정식은 항상 복소수인 근을 갖는다.

이때 실수인 근을 실근, 허수인 근을 허근이라고 한다. 특히, 두 근이 같을 때 이 근을 중근이라고 한다.

이 부분을 정교하게 학습하는 과정은 중고등학교를 연결하는 정말 핵심 내용이자 보배라고 할 수 있는데, 대부분의 고등학교 교실에서는 이를 전혀 다루지 않고 넘어갑니다. 안타깝기 그지없지요. 필자도 고등학교 1학년을 가르칠 때 이 부분을 자세히 다루지 못했고, 이 부분이 그렇게 귀하고 중요한 줄 몰랐습니다. 핵심은 ❸에서 ❹를 유도하는 과정입니다. 이 과정은 중학교 3학년에서 다룰 수도 있고, 이때 안 다루더라도 고등학교 1학년에서 자세하게 다루면 충분합니다.

❸의 과정 $\left(x+\dfrac{b}{2a}\right)^2=\dfrac{b^2-4ac}{4a^2}$에서 $x+\dfrac{b}{2a}=\pm\dfrac{\sqrt{b^2-4ac}}{2a}$를 유도하는 과정을 섬세하게 살펴볼게요.

(1) $\left(x+\dfrac{b}{2a}\right)^2=\dfrac{b^2-4ac}{4a^2}$에서 양변의 제곱근을 구합니다.

$$x + \frac{b}{2a} = \pm\sqrt{\frac{b^2-4ac}{4a^2}} \ (근거: 제곱근의 정의)$$

(2) 우변 $\sqrt{\dfrac{b^2-4ac}{4a^2}}$ 에 분수의 제곱근의 나눗셈의 계산 법칙을

적용하려고 합니다.

$$a > 0, \ b > 0 일 때 \qquad \frac{\sqrt{b}}{\sqrt{a}} = \sqrt{\frac{b}{a}}$$

이때 분모 $4a^2 > 0$ 임이 분명한데 분자 $b^2 - 4ac$ 는

양일 수도, 음일 수도 있습니다.

(2-i) $b^2 - 4ac \geq 0$ 인 경우

$$\sqrt{\frac{b^2-4ac}{4a^2}} = \frac{\sqrt{b^2-4ac}}{\sqrt{4a^2}}$$

(근거: 제곱근의 나눗셈의 계산 법칙)

$$= \frac{\sqrt{b^2-4ac}}{\pm 2a}$$

(근거: $a > 0$ 일 때 $\sqrt{a^2} = a$,

$a < 0$ 일 때 $\sqrt{a^2} = \sqrt{(-a)^2} = -a$)

다시 (1)로 가면

$$x + \frac{b}{2a} = \pm\sqrt{\frac{b^2-4ac}{4a^2}} = \pm\frac{\sqrt{b^2-4ac}}{\pm 2a}$$

$$= \pm\frac{\sqrt{b^2-4ac}}{2a}$$

(2-ii) $b^2 - 4ac < 0$ 인 경우 $(-(b^2-4ac) > 0$ 이므로)

$$\sqrt{\frac{b^2-4ac}{4a^2}} = \sqrt{\frac{-(b^2-4ac)}{4a^2}}\, i \, (근거: a > 0 일 때 \sqrt{-a} = \sqrt{a}\, i)$$

$$= \frac{\sqrt{-(b^2-4ac)}}{\sqrt{4a^2}}i$$

(근거: 제곱근의 나눗셈의 계산 법칙)

$$= \frac{\sqrt{b^2-4ac}}{\sqrt{4a^2}}$$ (근거: $a > 0$일 때 $\sqrt{-a}=\sqrt{a}\,i$)

나머지 과정은 (2-i)과 같습니다.

비로소 이차방정식의 근의 공식의 고등학교 버전이 완성되었습니다. 귀찮은가요, 복잡한가요, 아니면 꽤 괜찮은가요?

순열의 공식들을 없애 주는 곱셈 개념

고등학교 순열에서는 상황에 따라 개수를 구하는 다양한 공식이 제공됩니다. 학생들은 상황을 파악하지 못하면 공식도 적용할 수 없지요. 결론적으로 순열의 상황은 곱셈의 상황과 다를 바가 없습니다. 고등학교에서 곱의 법칙이라고 이름을 붙이지만 이건 초등에서 익숙한 곱셈일 뿐입니다. 똑같은 수를 반복해서 더하는 상황, 몇 배의 상황, 묶어 세거나 뛰어 세는 상황 등에서 곱셈을 사용하지요. 그런 상황이 닥치면 곱셈을 하면 되는데, 순열 단원에서는 그것을 다시 형식화해서 순열이라고 합니다.

예를 들면 5장의 수 카드 ⓵, ②, ③, ④, ⑤에서 서로 다른 3장을 뽑아 만들어지는 세 자리 자연수의 개수를 구하는 상황을 생각해 봅니다. 순열에서는 서로 다른 5개에서 서로 다른 3개를 뽑아 일렬로 나열하는 상황으로 정리하고, 그것을 기호 $_5P_3$으로 쓰고 다음과 같이 계산합니다.

$$_5P_3 = \frac{5!}{(5-3)!} = \frac{5!}{2!} = \frac{5 \times 4 \times 3 \times 2 \times 1}{2 \times 1} = 60$$

그런데 곱의 법칙, 즉 곱셈을 이용하면 훨씬 간단하게 해결됩니다.

세 자리 자연수 중 백의 자리에 올 수 있는 것은 5가지, 이들 각각에 대하여 십의 자리에 올 수 있는 것은 4가지, 이들 각각에 대하여 일의 자리에 올 수 있는 것은 3가지가 있습니다. 일의 자리에는 백의 자리와 십의 자리에 있는 수를 제외해야 하므로 3가지입니다. 여하튼 이제 전체 경우의 수는 곱셈으로

$$5 \times 4 \times 3 = 60$$

입니다. 어떤가요? 위의 순열의 공식을 사용하는 방법을 쓰고 싶은가요? 이 공식 이외에도 고등학교에서 배우는 중복순열, 같은 것을 포함한 경우의 순열 등도 곱셈만으로 해결할 수 있으므로 공식을 사용할 필요가 없습니다.

논리적 추론, 현명한 통찰력, 수학적 모델링, 이 3가지 기본 기능을 다루는 솜씨는 대부분의 수학 문제를 해결하는 열쇠가 됩니다. 이러한 능력은 컴퓨터 프로그램을 작성하거나 컴퓨터 사이언스의 많은 이론적인 주제를 습득하는 데 매우 유용합니다. 그래서 많은 학생에

게 가장 매력적이고 가치 있는 요소가 되어 주지요.

수학은 어떤 문제, 어떤 상황에서도 그 해결 방법을 상당히 단순화할 수 있는 특별한 기술과 이론을 발전시켜 갑니다. 단 한 가지 원리를 사용하여 많은 문제를 해결할 수 있을 때 그 이론의 유용성은 커지며, 이런 것을 핵심 아이디어라고 할 수 있습니다. 불행하게도 대부분의 경우의 수 문제를 해결하는 그런 이론은 없습니다.

그런데 합의 법칙과 곱의 법칙은 단순히 더하고 곱하는 초등 기술만으로 수많은 문제를 해결할 수 있으니 경우의 수를 세는 최고의 핵심 아이디어가 아닐까 생각합니다. 엄청난 파워를 가졌으면서도 간편함과 편리함을 둘 다 갖춘 아이디어는 정말 드물거든요.

초등학교에서도 수많은 상황을 사칙연산으로 해결합니다. 그때마다 꼭 필요한 질문은 '어떤 사칙연산을 쓸 것인가', 그리고 이어서 '왜 그 사칙연산을 써야 하는가'입니다. 많은 교과서가 '어떻게 계산할까'만 묻고, '왜 그 연산을 사용해야 하는가'에 대해서는 묻지 않습니다. 교과서마저 답만 요구하고 있습니다.

2부를 읽기 전, 나는 몇 개의 질문에 ○로 답하는지 확인해 보세요.

단계형 발문은 학생들의 생각을 단계적으로 넓혀주는 좋은 도구이다.	(○ , ×)
학생 스스로 문제를 푸는 것은 어려우므로 시범으로 예제 풀이를 보여 준 뒤 비슷한 문제를 풀게 하는 것이 좋다.	(○ , ×)
학생이 도형의 성질을 발견하는 것은 불가능하므로 교사가 도형의 성질을 먼저 제시한 후 증명만 하게 하는 것이 좋다.	(○ , ×)
수학 개념의 정의는 수학자들이 정한 것이므로 학생들은 의심 없이 받아들이기만 하면 된다.	(○ , ×)
다양한 상황으로 수식을 떠올리는 것은 어려우므로 수학적 정의를 먼저 알려 주고 그에 맞는 상황들을 예로 드는 것이 좋다.	(○ , ×)
학습을 위해 필요한 선수 개념은 알고 있다고 가정하고 수업을 진행한다.	(○ , ×)
교과서는 교육과정에 충실하게 짜여진 교재이므로 이를 재구성할 필요는 없다.	(○ , ×)
고수준의 과제는 아이들의 흥미를 떨어뜨리므로 단계형 발문을 넣어서 쉬운 방식으로 과제를 낼 필요가 있다.	(○ , ×)
과제의 현실적인 소재를 선정함에 있어 아이들이 자주 겪는 상황은 식상하므로 겪어보지 못한 상황으로 흥미를 유발한다.	(○ , ×)

제2부

수학,
무엇으로 가르칠 것인가

—

소통의 준비

제1장

교육과정과 교과서의 일관성 부족

2022 개정 교육과정의 변화

가르칠 내용을 규정한 것이 교육과정입니다. 우리나라 교육과정은 짧게는 4년 만에, 길게는 10년 만에 개정되어 왔습니다. 2024학년도 초등학교 1, 2학년부터 적용되는 2022 개정 교육과정에는 몇 가지 눈에 띄는 변화가 있습니다.

2022 개정 교육과정 개정의 주요 배경

첫째, 인공지능 기술 발전에 따른 디지털 전환, 감염병 대유행 및 기후·생태 환경 변화, 인구 구조 변화 등으로 사회의 불확실성이 증가하고 있다.

둘째, 사회의 복잡성과 다양성이 확대되고 사회적 문제를 해결하기 위한 협력의 필요성이 증가함에 따라 상호 존중과 공동체 의식 함양의 중대성이 증대하고 있다.

셋째, 학생 개개인의 특성과 진로에 맞는 학습을 지원해 주는 맞춤형 교육에 대한 요구가 증가하고 있다.

넷째, 교육과정 의사 결정 과정에 다양한 교육 주체들의 참여를 확대하고 교육과정 자율화 및 분권화를 활성화해야 한다는 요구가 높아지고 있다.

2015 개정 교육과정이 '바른 인성을 갖춘 창의융합형 인재'를 양성하는 데 중점을 두었다면 2022 개정 교육과정은 '포용성과 창의성을 갖춘 주도적인 사람'으로 성장하는 데 중점을 둡니다. 이는 미래 사회 전망과 국민 의견 수렴 결과, 세계 교육 동향 등을 고려하여 '자기주도성, 창의와 혁신, 포용성과 시민성'의 지향점을 반영한 것입니다. 여기서 '주도성'은 목표를 설정하고 그에 맞는 행동을 설계할 줄 아는 능력을 바탕으로 주변 세계에 능동적이고 주도적으로 참여하면서 다른 사람과 주변 환경에 긍정적인 영향을 미치는 책임감을 내포하는 개념입니다. 즉, 2022 개정 교육과정의 자기주도성은 주체성, 책임감, 적극적 태도의 하위 요소를 고려한 것이며, 서로 존중하고 협력하는 공동체 의식 함양의 중요성을 함께 강조하는 개념으로 볼 수 있습니다.

또한 2022 개정 교육과정의 비전으로 새롭게 강조된 '포용성'은

'사회 구성원들 사이의 차이, 다양성에 대한 상호 이해와 존중을 바탕으로, 개개인의 교육적 성장과 공정하고 지속 가능한 사회를 함께 실현해 나가고자 하는 태도 및 소양'으로 정의됩니다. 포용성의 하위 요소로는 배려, 소통, 협력, 공감, 공동체 의식이 고려됩니다.

교육부가 총론 주요 사항에 교과 교육과정 개발의 중점 사항으로 '깊이 있는 학습'을 제시한 데 따라 수학과에서는 이를 핵심 아이디어의 추구 또는 도달로 보고, 핵심 아이디어 중심으로 교육 내용을 선정하고 학생들이 궁극적으로 핵심 아이디어를 학습하도록 지도합니다.

'핵심 아이디어'는 2022 개정 수학과 교육과정에 처음 도입되었습니다. 학생들이 수학을 학습한 결과로서 오랫동안 기억하기를 바라는 내용을 의미합니다. 수학과의 핵심 아이디어는 주요한 수학 개념, 원리, 법칙 등이 어떻게 발생하여 확장되며 그 결과 어떤 일반성과 추상성이 획득되는지, 수평적으로 또는 수직적으로 어떻게 상호 관련되는지, 어떤 탐구 과정을 중점적으로 강조하는지 등을 압축하여 제시한 것이며, 수학 학습 과정에서 전이가 높은 내용을 담은 것입니다.

교육과정과 교과서의 격차

2022 개정 수학과 교육과정의 가장 큰 변화는 영역 구분입니다. 2015 개정 교육과정에서 5개 영역으로 구분된 것이 2022 개정 교

육과정에서는 4개 영역으로 축소·통합되었습니다. 중등에서 문자와 식 영역과 함수 영역이 변화와 관계 영역으로, 초등에서 도형 영역과 측정 영역이 도형과 측정 영역으로 통합되었습니다. 그리고 초등과 중등 영역 이름도 통일되었습니다.

2015 초등	2015 중등	2022 초중등
수와 연산	수와 연산	수와 연산
규칙성	문자와 식	변화와 관계
	함수	
도형	기하	도형과 측정
측정		
자료와 가능성	확률과 통계	자료와 가능성

교육과정은 계속 발전적으로 변화하고 있지만, 교과서는 교육과정의 변화와 무관하게 일정한 철학과 패턴을 유지하고 있습니다. 해방 이후 거의 변하지 않았다고 얘기해도 될 정도입니다. 6·25 전쟁 때 쓰던 교과서를 아직 그대로 쓰고 있다 해도 무방합니다.

수학교과서는 여전히 교사의 설명식 교수에 적합하므로 교사는 주입식 수업을 할 수밖에 없습니다. 특히 중고등학교 수학교과서는 '개념 설명-예제 풀이-문제 풀이 연습'이라는 전형적인 3단계 수업에 알맞은 구성을 유지하고 있습니다. 초등학교 수학교과서는 중고등학교 수학교과서에 비해 형식적인 면에서 많은 변화와 발전을 거쳤지만 여전히 학생 주도의 발견을 위한 발문에 인색하고, 학생의 생각을 단계적으로 주도하는 교사 중심의 철학을 버리지 못하고 있습니다. 또한 뒤처지고 준비가 부족한 학생을 배려하는 복습 과정이 부족합니다.

우리나라 수학교과서의 가장 큰 문제점은 수학 개념의 연결과 통합을 위한 노력이 보이지 않는다는 것입니다. 중고등학교 교육과정에서 문자와 식 영역과 함수 영역이 변화와 관계 영역으로 통합되면서 교육과정의 영역 구분이 점차 허물어지고 있지만, 아쉽게도 교과서는 여전히 통합의 정신을 살리지 못하고 과거 방식대로 분리되어 있습니다. 통합은 여전히 교사와 학생 몫입니다.

제2장

일방 주입식 교과서

추측을 허락하지 않는 교과서

현 수학교과서는 수학자가 학문을 다루고 연구하는 방법과 똑같은 방식을 학생에게 제시합니다. 교사가 수학 개념을 일방적으로 주입하는 방식의 설명 체계를 따르지요. 학생 스스로 수학 개념을 발견할 수 있는 학습 과정의 설계는 고려되지 않습니다. 현 수학교과서는 수학의 개념과 본질을 잘 이해하고 그 개념에 따라 수학적 사고를 확장하며 공부하는 기쁨을 보장하는 대신, 간단한 원리 설명과 기계적인 적용 문제로 구성된 불친절한 형태를 띱니다. 그런데 대부분의 사람들은 '수학교과서는 원래 다 그렇다'라고 생각하며 더 이상 새로운 상상을 하지 않습니다. 수학교과서라고 해서 꼭 메마르고 딱딱할 필요는 없는데 말입니다.

교과서에는 학생을 일방적으로 끌고 가는 활동이 많습니다. 초등학교 4학년 2학기 내용 중 평행사변형의 성질이 있습니다. 교과서는 이를 가르치기 위해 학생들에게 마주 보는 변의 길이와 마주 보는 각의 크기가 서로 같은지 각각 재어 보도록 요구합니다. 학생들은 이런 요구에 따라 실제 자와 각도기로 측정하는 활동을 하고, 그 결과 대변의 길이와 대각의 크기가 같음을 확인합니다. 그리고 마지막에 평행사변형의 성질을 정리하지요. "평행사변형은 마주 보는 두 쌍의 변의 길이가 같고, 마주 보는 두 쌍의 각의 크기가 같다."

이날 학생들은 과연 평행사변형의 성질을 제대로 이해했을까요? 확신하기 어렵습니다. 조금 심하게 말하면 이날 학생들은 별다른 생각 없이 교과서가 시키는 대로 따라 했을 뿐입니다. 길이를 재라고 하니 자로 길이를 재고, 각의 크기를 재라고 하니 각도기로 각도를 재었지요. 그 결과 수치가 같음을 확인했을 뿐, 그 값과 평행사변형의 성질 사이의 필연성을 연관시키는 것은 쉽지 않았을 것입니다. 그렇게 며칠이 지나면 평행사변형에 대한 학습 결과는 학생에게 별로 남아 있지 않지요.

평행사변형의 성질에 대한 학생의 추측 과정이 빠진 것을 보면 이는 전형적인 단계형 발문입니다. 차례대로 지시문을 따라 하기만 하면 결론이 나오지요. 평행사변형이 왜 성질을 갖는지에 대한 학생의

활동 **평행사변형의 성질을 알아봅시다.**

· 평행사변형에서 마주 보는 변의 길이는 어떠하다고 생각합니까?

· 평행사변형에서 마주 보는 변의 길이를 재어 보시오.

· 평행사변형에서 마주 보는 변의 길이는 어떻습니까?

· 평행사변형에서 마주 보는 각의 크기는 어떠하다고 생각합니까?

· 평행사변형에서 마주 보는 각의 크기를 재어 보시오.

· 평행사변형에서 마주 보는 각의 크기는 어떻습니까?

· 평행사변형에서 발견한 성질을 말해 보시오.

평행사변형의 성질을 유도하기 위한 초등 교과서의 활동

탐구 과정의 주도성을 교과서가 빼앗은 것입니다.

모방만을 요구하는 교과서

초등학교에서 최대공약수와 최소공배수를 배울 때는 정의에 따라 학습을 합니다.

20과 30의 최대공약수를 찾아봅시다.

· 20과 30의 약수를 모두 써 보세요.

20의 약수	
30의 약수	

- 공약수를 모두 찾아 ○표 하세요.

- 최대공약수를 찾고, 최대공약수의 약수를 구해 보세요.

- 공약수와 최대공약수의 약수를 비교해 보고, 그 사이의 관계를 설명해 보세요.

두 수의 약수를 각각 모두 찾고, 그중에 공통인 약수, 즉 공약수에 ○표 한 다음 그중 가장 큰 수를 최대공약수로 구합니다.

최소공배수를 도입할 때도 마찬가지죠.

2와 3의 공통된 배수를 찾아봅시다.

1	2	3	4	5	6	7	8	9	10
11	12	13	14	15	16	17	18	19	20

- 2의 배수에 ○표 하세요.

- 3의 배수에 △표 하세요.

- 2와 3의 공통된 배수를 찾아보세요.

- 공통된 배수 중 가장 작은 수를 찾아보세요.

두 수의 배수를 각각 모두 찾고, 그중에 공통인 배수, 즉 공배수를 찾은 다음 그중 가장 작은 수를 최소공배수로 구합니다. 그런데 다음 그림을 보세요.

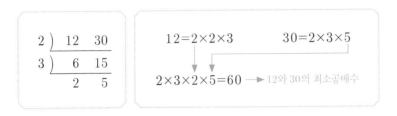

많이 본 장면이지요. 초등학교 5학년에서 최대공약수와 최소공배수를 구하는 방법을 설명하는 2가지 그림입니다.

왼쪽 그림은 학생들이 보통 '썰매 그림'이라고 부르더군요. 그럴듯한가요? 썰매 그림에서 최대공약수는 왼쪽에 있는 두 수를 곱해서 $2 \times 3 = 6$으로 구하고, 최소공배수는 왼쪽 두 수와 썰매의 아랫부분에 있는 두 수까지 모두 곱하여 $2 \times 3 \times 2 \times 5 = 60$으로 구합니다.

오른쪽은 중학교에서 배우는 소인수분해를 이용하는 방법인데, 5학년은 아직 소수를 배우기 전이므로 교과서에서는 '여러 수의 곱'으로 나타내라고 했습니다. 여기서는 양쪽에 공통으로 있는 2×3을 최대공약수로, 그리고 여기에 남은 수를 모두 곱해서 $2 \times 3 \times 2 \times 5 = 60$을 최소공배수로 구합니다.

중요한 것은 이제부터입니다. 왜 2×3이 최대공약수이고 $2 \times 3 \times 2 \times 5$가 최소공배수인지를 설명할 수 없다는 것입니다. 답을 구하기는 했는데 그게 왜 그런지를 모르지요. 자기가 한 일을 스스로 설명하지 못하는 기가 막힌 현실에 부닥치는 것입니다. 그래서 학생들은 모방을 할 수밖에 없습니다. 필자는 초등학교 시절 이 부분에서 왜 그런지를 선생님께 물었다가 말이 많다고 핀잔만 들었던 기억이 납니다.

　다음은 고등학교 1학년 교과서의 한 부분입니다. 여기서는 다항식의 나눗셈을 학습하는데, 개념 설명이 가장 먼저 나오고, 그 개념을 적용하는 예제 또는 문제가 나옵니다. 형식적인 생각 열기를 제외하면 첫 번째가 교사의 개념 설명, 두 번째가 교사의 예제 풀이 시범, 세 번째가 학생의 문제 풀이 모방입니다. 전형적인 주입식 교육과 거기에 따른 학생의 모방 연습이 이루어지는 수업 모형이지요.

　• 다항식 A를 다항식 $B(B{\neq}0)$로 나누었을 때의 몫을 Q,

　　나머지를 R라고 하면

$$A = BQ + R$$

　와 같이 나타낼 수 있다. 이때 R의 차수는 B의 차수보다 낮다.

　특히 $R=0$이면 A는 B로 나누어떨어진다고 한다.

　(예제)

　(문제)

다항식의 나눗셈에서 몫과 나머지가 왜 필요한지, 나머지 R의 차수는 왜 나누는 식 B의 차수보다 낮아야 하는지, 이 문제를 어떻게 해결할 수 있는지 등의 내용을 학생이 발견하도록 이끄는 것이 아니라 교사의 일방적인 설명을 통해 해당 내용을 학습하도록 구성되어 있습니다. 학생들은 학습 동기를 느낄 틈도 없이 교사의 설명을 일방적으로 듣고 그 내용을 소화해 내야 합니다. 왜 그런지 모른 채 교사의 설명을 받아들이는 과정에서는 정서적 거부가 일어나기 마련입니다. 듣다못해 학생이 질문을 합니다.

"선생님! 다항식의 나눗셈을 왜 배워요?"

이런 질문에 학생이 속 시원한 대답을 듣기는 어렵습니다.

개념에 대한 주입식 설명이 끝나면 바로 교사가 예제를 풀어 줍니다. 학생이 스스로 푸는 것이 아닙니다. 풀이 과정이 교과서에 제공되어 있는 만큼 학생은 교과서의 풀이를 눈으로 읽거나 교사의 시범적인 풀이 과정을 들을 수밖에 없습니다. 곧이어 나오는 유사 문제를 풀 때쯤 비로소 활동 기회를 갖게 되지만, 유사 문제를 푸는 과정은 교사 시범에 대한 모방의 성격이 강합니다.

구성주의 교육철학을 가진 교사는 보통 자기 철학과 다른 방식으로 이루어진 현 교과서를 그대로 사용하지 않고 매 시간 교과서를 재구성하거나 별도의 활동지를 만들어 사용합니다. 구성주의 교육철학에 따라 학생의 자기주도적 발견이 가능하도록 교과서의 구성이 바뀌면 해결될 일이건만, 각 교사가 매 시간 교과서를 재구성해 사용할 수밖에 없는 것이 현실입니다. 많은 혁신학교에서 시도하는 자기주도적 학습과 협력 학습 등이 유독 수학 교과에서만 잘 이루어지지 않는 현상의 원인도 수학 교과서에서 찾을 수 있습니다.

다음 예시에도 일방 주입식 교과서 기술 형태가 드러납니다.

• 덧셈, 뺄셈, 곱셈, 나눗셈이 섞여 있는 식은 곱셈과 나눗셈을 먼저 계산하고, ( )가 있으면 ( ) 안을 가장 먼저 계산합니다.

$$96 \div 3 - (2+5) \times 4 = 96 \div 3 - 7 \times 4$$
$$= 32 - 7 \times 4$$
$$= 32 - 28$$
$$= 4$$

학생들은 왜 괄호를 가장 먼저 계산하는지, 왜 덧셈과 뺄셈보다 곱셈과 나눗셈을 먼저 계산해야 하는지에 대한 충분한 이해 없이 무조건 알고리즘을 암기합니다. 왜 그런지를 모르고 사용하면 주도성을 가질 수 없습니다.

자기주도적으로 사고할 기회를 빼앗는 예제

교과서의 예제 풀이나 교사의 풀이 방법 시범이 학생에게 어떤 영향을 주는지 생각해 볼 필요가 있습니다.

예제 주머니 속에 5개의 제비가 들어 있고 이 중 당첨 제비가 2개 들어 있다. 이 주머니에서 차례로 한 개씩 두 번 뽑을 때, 두 번 모두 당첨될 확률을 구하여라. 단, 한 번 뽑은 제비는 다시 넣지 않는다.

풀이 처음에 당첨될 확률은 $\frac{2}{5}$, 두 번째에 당첨될 확률은 $\frac{1}{4}$이고,

이들은 같이 일어날 수 있으므로 구하는 확률은

$\frac{2}{5} \times \frac{1}{4} = \frac{2}{20} = \frac{1}{10}$ 이다.

답: $\frac{1}{10}$

문제 위 예제에서 두 번 모두 당첨되지 않을 확률을 구하여라.

교과서의 예제 풀이는 교사가 시범적으로 보여 주는 부분입니다. 이 시범이 때로는 이후에 일어나는 학생의 문제 풀이 과정에 결정적인 힌트가 되기도 하는데, 이때 오히려 오개념이 유도될 수 있습니다.

앞의 문제에서 두 번 모두 당첨되지 않을 확률을 구한다고 할 때, 예제의 풀이가 준 힌트로 인하여 다음 2가지 형태의 오류가 발생할 수 있습니다.

⑴ 처음에 당첨되지 않을 확률은 $1-\dfrac{2}{5}=\dfrac{3}{5}$ 이고

　두 번째에 당첨되지 않을 확률은 $1-\dfrac{1}{4}=\dfrac{3}{4}$ 이므로

　두 번 모두 당첨되지 않을 확률은 $\dfrac{3}{5}\times\dfrac{3}{4}=\dfrac{9}{20}$

언뜻 보면 틀린 부분이 없어 보이는 풀이지만 그렇지 않습니다. 처음에 당첨 제비를 뽑지 않았다면 남아 있는 4개의 제비 중 당첨 제비는 여전히 2개이므로 두 번째에 당첨 제비를 뽑지 않을 확률은 $\dfrac{3}{4}$ 이 아니라 $\dfrac{2}{4}$ 가 됩니다. 앞선 예제의 풀이로 인해 제비의 개수는 고려하지 않고 단순히 여사건으로 접근해 버려 오류가 발생한 것입니다.

⑵ 두 번 모두 당첨될 확률이 $\dfrac{1}{10}$ 이므로

　두 번 모두 당첨되지 않을 확률은 $1-\dfrac{1}{10}=\dfrac{9}{10}$

이 풀이는 처음만 당첨될 경우와 두 번째만 당첨될 경우는 고려하지 않고 단순히 여사건의 개념으로 접근한 풀이입니다. 만약 앞선 예제 풀이가 없었다면 $\dfrac{1}{10}$ 이라는 값을 몰랐을 테니 이런 오류가 발생하지 않았겠지요.

예제를 통해 미리 풀이를 제시한 다음에 유사한 문제를 풀게 한다든가, 교사가 수업 시간에 미리 시범을 보인 다음에 학생이 그걸 따라 하게끔 시키는 수업에서는 과제의 역할이 미미할 수밖에 없습니

다. 이런 수업에서 학생의 활동은 기계적인 암기와 모방이 주를 이루지요. 당연히 지적 발전이나 성찰은 일어나기 어렵습니다. 예제 풀이는 학생의 자기주도적 사고 기회를 빼앗기도 합니다. 답이라고 생각되는 예제 풀이를 외면할 학생은 많지 않으니까요. 이런 교과서 기술 방식은 결국 학생의 문제 해결 능력을 키우기보다는 문제 풀이 기술을 암기하는 패턴의 학습을 강요할 것입니다.

답이 정해져 있는 증명

다음 교과서 역시 중학교 기하 증명의 전형적인 구성을 보여 줍니다.

오른쪽 그림과 같이 원 O의 외부에 있는 점 P에서 원 O에 그을 수 있는 접선은 2개다. 이때 두 접점을 A, B라 하면 선분 PA, PB의 길이를 점 P에서 원 O에 그은 접선의 길이라고 한다.

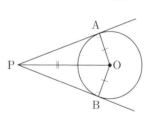

그런데 △PAO와 △PBO에서

$\overline{OP}$ 는 공통, $\overline{OA}=\overline{OB}$ (반지름), ∠PAO=∠PBO=90°이다.

∴△PAO≡△PBO, $\overline{PA}=\overline{PB}$

이상에서 다음과 같이 정리할 수 있다.

원의 외부에 있는 한 점에서 그 원에 그은

두 접선의 길이는 서로 같다.

예제 오른쪽 그림과 같이 원 O의 외부

에 있는 점 P에서 접선 PA, PB

를 그을 때 다음이 성립함을 증

명하여라.

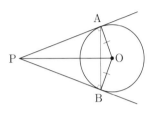

1. $\angle APO = \angle BPO$

2. $\overline{PO}$는 $\overline{AB}$를 수직이등분한다.

여기서 가르치고자 하는 것은 원 밖의 한 점에서 원에 그은 접선의 성질입니다. 교과서에 나열된 성질은 총 4가지인데, 이 모든 성질은 학생의 탐구나 추측으로 드러나게 되는 것이 아니라 이미 누가 발견한 내용을 그대로 나열한 것에 불과하지요. 그리고 학생은 누가 어떻게 발견했는지도 모르는 사실을 증명하도록 강요받습니다. 행동주의 교육철학이 철저히 반영된 교과서 구성입니다.

교과서에 제시된 4가지 성질은 학생에게 아무런 관심사가 되지 못합니다. 학습 동기가 일어나기도 어렵지요. 이보다는 원 밖의 한 점만 제시하고 이 점을 지나는 수많은 직선을 그어 이 직선과 원 사이에 일어나는 성질을 추측해 보는 질문을 먼저 던지는 것은 어떨까요?

· 원 밖의 한 점에서 원에 여러 가지 직선을 긋고 발견할 수 있는 성질을 써 보세요.

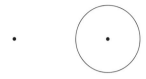

학생들이 추측하여 발견한 성질을 모으면 아마도 교과서의 4가지 성질 중 일부가 나올 것이며, 4가지 성질 외의 다른 성질도 발견할 수 있을 것입니다. 그리고 그것을 증명하도록 하면 증명 학습에 대한 주도성이 학생에게 돌아갈 수 있습니다. 자기가 발견한 성질인 만큼 이를 증명하려는 책임감도 동시에 가질 테니까요.

삼각형의 세 변에 접하는 원을 내접원이라 하고, 그 원의 중심을 내심이라고 합니다.

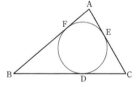

(1) 위의 그림의 삼각형 ABC에서 세 점 D, E, F는 삼각형과 원의 접점입니다. 삼각형 ABC의 내심 I를 나타내 보고 내심 I의 위치를 찾는 방법을 설명해 보자.

(2) 위의 삼각형의 세 변은 내접원의 접선이라고 볼 수 있습니다. (1)을 이용하여 원 밖의 한 점에서 그 원에 그은 접선의 성질을 추측하고 그렇게 생각한 이유를 써보자.

중학교 대안교과서 『수학의 발견』 중 발췌

중학교 대안교과서 『수학의 발견』은 이 과제를 삼각형의 내심과 연결했습니다. 내심은 이미 학습한 내용이므로 뜬금없이 원 밖의 한 점에서 그은 두 접선과는 확연한 차이가 있지요. 발견하고 증명하는 과정에 자기주도성이 가미될 수 있습니다.

문자 사용에는 교육적 배려가 필요하다

수학에서 초등학교와 중학교를 구분하는 중요한 소재는 문자의 사용입니다. 그런데 여러 논문을 통해 많은 중학생이 문자 사용 단계에서 실패를 겪는다는 사실이 밝혀지고 있습니다. 이는 문자라는 도구 사용에 대한 교육적 배려가 부족했다는 의미가 됩니다. 문자는 주어지는 것이 아니라 필요에 따라 사용하는 것이지만, 많은 교과서가 문자를 주고 식을 만드는 데 치중하는 방식을 사용하고 있습니다. 학생이 발명해야 할 문자 x를 교과서가 먼저 제시하는 것이지요.

> **생각열기** **수연이는 문방구에서 한 자루에 1000원인 형광펜을 사려고 한다. 이때, 지불할 금액을 생각해 보자.**
>
> 1. 형광펜 2자루의 값을 식으로 나타내어라.
> 2. 형광펜 3자루의 값을 식으로 나타내어라.
> 3. 형광펜 x자루의 값을 식으로 나타내어라.

문자 x를 먼저 제시하는 교과서

어떻게 하면 도구 사용 측면에서 바람직한 방법으로 문자 도입 단계에 들어갈 수 있을까요? 중학교 대안교과서 『수학의 발견』을 보겠습니다.

오른쪽 그림은 우리 반 친구들이 교내 텃밭의 가로와 세로에 각각 12개의 정사각형 모양의 벽돌로 테두리를 만든 것입니다.

오른쪽 텃밭의 테두리 벽돌의 개수를 하나하나 모두 세지 않고 벽돌 전체의 개수를 구하는 식을 써보자.

만약 테두리의 가로와 세로에 각각 29개씩 정사각형 모양의 벽돌이 있다고 가정할 때, 벽돌 전체의 개수를 식으로 나타내 보자.

이제 텃밭을 인근 공터에도 만들려고 합니다. 텃밭을 만들 수 있는 땅이 많이 넓어졌습니다. 이와 같이 텃밭의 크기가 다양할 때, 테두리를 만드는 벽돌의 개수를 표현하는 방법을 만들어 보고 모둠의 의견을 모아 보자. (단, 텃밭의 모양은 정사각형입니다.)

나의 의견	모둠의 의견

중학교 대안교과서 『수학의 발견』 중 발췌

과제는 문자를 직접적으로 주지 않습니다. 처음 12개 벽돌로 계산식을 만들고, 다음에는 다소 생소한 29개를 제시했다가 갑자기 텃밭의 크기가 다양한 상황을 제시합니다. 테두리를 만드는 벽돌의 개수를 표현하는 방법을 구안하도록 주도적인 책임을 주고, 처음에는 문장이 포함된 식을 만들다가 그것을 간소하게 표현하는 과정에서 문자 사용의 필요성을 느끼게 한 다음, 스스로 문자를 선택하여 표현하면서 올바른 문자 표현 방법을 익히도록 도와줍니다. 결국 테두리의 한 모서리에 있는 벽돌의 개수를 x라고 두어야만 하는 상황을 유도하지요. 문자를 사용하지 않고 문장으로만 표현할 때의 복잡함, 문자 사용으로 표현이 간결해지는 편리함을 경험해야 문자 사용의 필요성을 느낄 수 있습니다.

제3장

학습자의 배움을 중심으로 하는 교과서

형식적인 교과서의 생각 열기

2022 개정 교육과정은 교수·학습의 방향에 "학생이 주도적으로 수학을 학습하여 수학과 교육과정에 제시된 목표를 달성하도록 교수·학습을 운영한다"라는 항목이 있습니다. 또 교수·학습 방법에도 "학생들이 수학 학습에 주도적으로 참여하는 교수·학습 환경과 분위기를 조성한다"라는 항목이 있습니다. 또한 학생이 중심이 되어 수학의 개념, 원리, 법칙을 발견하고 구성하는 교수·학습 방안으로 탐구 학습을 제안합니다.

여기서 강조하는 것은 주도성입니다. 학생 스스로 발견하게 하는 것을 강조합니다. 이것이 구성주의 교육철학입니다. 구성주의 교육에서 교사 및 성인의 역할은 학생이 스스로 학습할 수 있는 환경을 만들어 주는 것입니다. 수학교과서는 이 부분이 잘 드러나도록 집필되어야 합니다. 학생이 자기주도적으로 학습해 갈 수 있는 교과서가 제공되어야 보다 의미 있고 효과적인 수학 학습이 이루어질 수 있습니다.

학생이 자기주도적으로 학습목표를 이해하고 학습 과정에서 주도적인 역할을 하기 위해서는 현 교과서 개념 도입 부분에 자리 잡고 있는 생각을 여는 활동이 좀 더 실질적으로 구성될 필요가 있습니다. 또한 교과서의 본문이 생각을 여는 활동과 밀접하게 관련되어 전개되어야 합니다.

교사가 일방적으로 주입해서는 학생들이 수학 개념을 습득하기가 어렵습니다. 학습자 스스로 발견하고 경험하고 생산하는 방식일 때 제대로 된 학습이 일어날 수 있습니다. 즉, 학습자가 스스로 지식을 구성해야 수학 개념을 확실히 이해하고 적용할 수 있습니다. 수학 개념의 발명자(발견자) 또는 생산자의 위치에 올라가는 학생이 최고의 학습자입니다.

현 교과서의 생각 열기는 형식적입니다. 생각 열기에서 학습 동기를 유발하려고 시도하더라도 이어지는 본문에서 수학 지식을 일방적으로 주입하기 때문에 학생은 오히려 철학적 혼란을 겪게 됩니다. '개념 설명 – 예제 설명 – 문제 풀이 연습'으로 이어지는 우리나라 수학교과서의 전형적인 3단계 구성을 보면 발견 학습이나 탐구 학습이라는 용어가 무색합니다. 생각 열기나 탐구 활동은 교과서 집필 지침에 따른 구색 맞추기 이상의 역할을 하지 못합니다. 탐구 활동이 본문으로 이어지지 못하는 것은 탐구 활동이 일회적인 탓이기도 하고, 이후에 바로 개념이 주어지므로 굳이 탐구 활동을 하지 않아도 되기 때문입니다.

현 교과서는 생각을 열었다가 닫는 과정, 즉 개념을 형성하는 과정이 점진적으로 정교하게 설계되어 있지 않습니다. 생각 열기에서 충분히 생각을 열어 줬다면 이후에 학생 스스로 정리하도록 하는 질문으로 구성된 수업에서는 자기주도적 발견과 개념 정리가 이루어집니다. 그렇지 않으면 결국은 교사 주도로 수업을 마치게 되고, 학생은 수업에서 하나도 얻지 못할 가능성이 있습니다.

교과서의 생각 열기를 더욱 강화하기 위해서는 탐구 활동을 단번으로 끝내지 않고 지속적으로 제공해야 합니다. 수학 개념에 대한 설명을 최대한 늦춰서 학습자가 스스로 개념을 발견하고 형성할 기회를 제공해야 합니다. 이것이 학습자의 배움을 중심으로 하는 교과서입니다. 그래야 스스로 공부하는 학습자를 만들 수 있습니다.

정의는 충분한 관찰과 토론 후에

초등학교 교과서에는 스스로 먼저 이름을 짓는 활동이 자주 나옵니다.

삼각형을 분류해 볼까요(1)

● 삼각형의 세 변을 살펴봅시다.

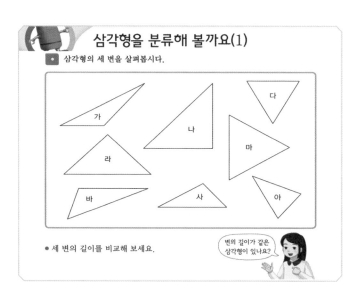

가 나 다 라 마 바 사 아

● 세 변의 길이를 비교해 보세요.

변의 길이가 같은 삼각형이 있나요?

● ●의 삼각형을 변의 길이에 따라 분류해 봅시다.

● 삼각형을 변의 길이에 따라 어떻게 분류했는지 말해 보세요.

● 삼각형의 이름을 지어 보세요.

난 두 변의 길이가 같은 삼각형을

□ 이라고 이름 지었어.

난 세 변의 길이가 같은 삼각형을

□ 이라고 할 거야.

두 변의 길이가 같은 삼각형을 이등변삼각형이라고 합니다.
세 변의 길이가 같은 삼각형을 정삼각형이라고 합니다.

정의를 배우기 전에 스스로 생각하게 하는 초등 교과서

여러 삼각형 중에서 두 변의 길이가 같은 삼각형을 분류하고, 그 이름을 짓는 활동을 합니다. 그러고 난 다음 이등변삼각형을 정의합니다. 이렇게 공부하면 학생들이 왜 세 변의 길이가 같은 삼각형은 '삼등변삼각형'이 아니고 정삼각형인지 의문을 제기하지요. 바람직한 학습 과정입니다.

그런데 이런 과정이 중학교에 올라오면 달라집니다. 다음은 중학교 1학년 검정교과서입니다.

> **: 정다면체는 무엇인가요?**
>
> 정다면체 각 면이 모두 합동인 정다각형이고, 각 꼭짓점에 모인 면의 개수가 모두 같은 다면체를 정다면체라고 한다. 정다면체는 다음과 같이 정사면체, 정육면체, 정팔면체, 정십이면체, 정이십면체의 다섯 가지뿐이다.

스스로 생각하기 전에 정의부터 알려 주는 중학 교과서

정다면체라는 용어와 정의가 곧바로 나옵니다. 아직 학생들은 정다면체라는 생소한 이름이나 개념을 받아들일 준비가 전혀 되어 있지 않은 상태인데, 뜬금없이 용어와 정의가 나옵니다. 학생들이 주도적으로 개념을 발견할 수 없지요. 자기주도적 발견을 강조한 교육과정과 교과서의 일관성을 볼 수 없습니다.

똑같이 정다면체를 학습하는 중학교 대안교과서 『수학의 발견』과 비교해 볼까요?

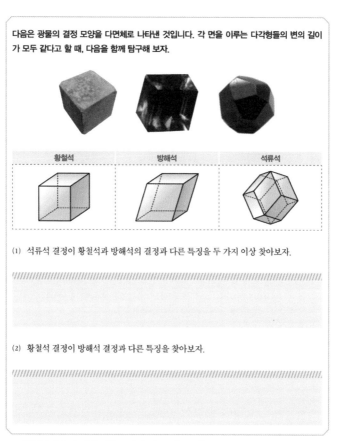

다음은 광물의 결정 모양을 다면체로 나타낸 것입니다. 각 면을 이루는 다각형들의 변의 길이가 모두 같다고 할 때, 다음을 함께 탐구해 보자.

| 황철석 | 방해석 | 석류석 |

(1) 석류석 결정이 황철석과 방해석의 결정과 다른 특징을 두 가지 이상 찾아보자.

(2) 황철석 결정이 방해석 결정과 다른 특징을 찾아보자.

정의를 배우기 전에 관찰, 토론을 유도하는 중학교 대안교과서 『수학의 발견』

정다면체가 되는 것과 아닌 것을 충분히 관찰, 토론하는 활동을 하고 정다면체의 개념을 도출해서 정리하면 학생 스스로 정다면체를 정의할 수 있게 됩니다. 정의 이후에는 예제나 문제 푸는 활동을 지양하고 정다면체 구성 활동, 정다면체와 준정다면체의 차이점 등에 대한 탐구 활동을 합니다.

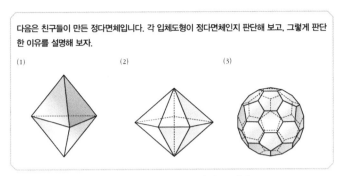

다음은 친구들이 만든 정다면체입니다. 각 입체도형이 정다면체인지 판단해 보고, 그렇게 판단한 이유를 설명해 보자.

(1)　　　　　　(2)　　　　　　(3)

중학교 대안교과서 『수학의 발견』 중 발췌

다양한 표상을 이용한 수학 개념 설명

중학교 2학년 일차함수를 예로 들어 보겠습니다.

일반적으로 함수 $y=f(x)$ 에서 y가 x에 대한 일차식

$y=ax+b$ (단, a, b는 상수, $a \neq 0$)

로 나타날 때, 이 함수를 x에 대한 일차함수라고 한다.

검정교과서는 다짜고짜 처음부터 일차함수를 정의합니다. 이 첫인상이 너무나 강렬해서 학생들은 일차함수를 일차식으로만 아는 수준에서 이해하는 경향이 있습니다. 실제로 많은 연구에서 학생들은 함수를 $y=f(x)$라는 식으로만 이해하고 있었습니다. 이는 함수를 근시안적으로만 이해하는 것이기 때문에 다양한 문제 해결에 장애가 됩니다.

다양한 상황을 일상 언어, 표, 그래프, 식으로 나타내는 상호 변환 활동을 하게 하는 것이 성취기준 적용 시 고려 사항임을 생각할때, 함수는 일상 언어, 표, 그래프 등으로 나타낼 수 있어야 하고, 궁극적으로는 식으로 나타낼 수 있어야 합니다. 그래서 일차함수를 일상의 언어로 풀어내는 것에서 시작하여 그것을 표로 나타내어 일정하게 변하는 것을 살펴보고 표에서 순서쌍을 찾아 좌표평면에 점을 찍으면 일직선으로 놓이게 되는 현상을 발견해야 합니다. 그런 후에 이를 식으로 나타냈더니 일차식으로 나타나더라! 하고 알게 되는 과정이 일차함수를 깊이 있게 학습하는 과정입니다.

교육과정 성취기준과 교수·학습 방법 및 유의 사항에서는 일차함수를 이전 정비례, 반비례 관계에서부터 표, 식, 그래프로 나타내는 것이 강조됩니다.

성취기준
[9수02-07] 정비례, 반비례 관계를 이해하고, 그 관계를 표, 식, 그래프로 나타낼 수 있다.

성취기준 적용 시 고려 사항
다양한 상황을 일상 언어, 표, 그래프, 식으로 나타내고 이들 사이의 상호 변환 활동을 하게 한다.

중학교 대안교과서 『수학의 발견』은 다양한 표상representation으로 일차함수를 경험하도록 구성되어 있습니다.

1 　국립고궁박물관으로 가는 길목에서 민주는 친구들과 음료수를 마시려고
합니다. 음료수가 일정하게 나오도록 밸브를 열고, 5초마다 각각의 컵에
서 음료수의 높이를 쟀습니다. 두 컵 A, B의 높이는 모두 120 mm이고
30초 만에 모두 가득 찼습니다.

[컵 A]　[컵 B]

(1) 시간에 따라 음료수의 높이가 얼마가 될지를 추측하여 표로 나타내고, 그렇게 생각한
이유를 말해 보자.

[컵 A]

시간(초)	0	5	10	15	20	25	30
높이(mm)	0	20					120

[컵 B]

시간(초)	0	5	10	15	20	25	30
높이(mm)	0						120

중학교 대안교과서 『수학의 발견』 중 발췌

(2) (1)의 표를 각각 다음 좌표평면 위에 그래프로 나타내고 그래프 모양을 서로 비교하여
각 그래프의 특징을 써보자.

중학교 대안교과서 『수학의 발견』 중 발췌

먼저 표를 통해서 일정하게 변하는 상태를 경험합니다. 표에서 변
화 상태를 파악하여 일정하게 변하는 것과 그렇지 않은 것을 구분합

니다. 그리고 일정하게 변하는 것을 그래프로 나타냅니다. 직선 모양으로 나타나지요.

그러고는 식을 구합니다.

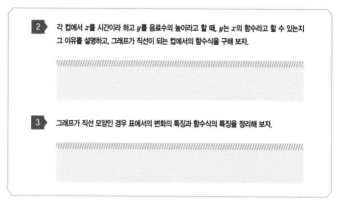

중학교 대안교과서 『수학의 발견』 중 발췌

중학교 대안교과서 『수학의 발견』에서는 이렇게 일상 언어를 표와 그래프와 식으로 나타내는 과정을 거쳐서 일차함수를 정의합니다.

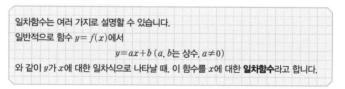

중학교 대안교과서 『수학의 발견』 중 발췌

교육과정의 성취기준을 그대로 구현한 것이지요. 검정교과서와 차이를 느낄 수 있나요?

제4장
학생의 주도적 사고를 키우는 교과서

수학을 포기하게 만드는 복습 없는 수업

현 교과서는 복습 과정을 대단원 시작 부분에 아주 간단하게 별도로 구성하여 제시하지요. 분량은 보통 반 쪽, 길어야 한 쪽입니다. 한 달 정도 지속되는 대단원 전체의 복습을 첫 시간에 잠깐 스치고 지나가는 것이지요.

우리나라는 한 주제를 가르치고 나면 이후 관련되는 다른 개념이 나올 때 이전 개념에 대한 복습 없이 그냥 새로운 개념을 가르칩니다. 여러 가지 이유로 특정 개념을 이해하지 못한 학생은 이후 수학 개념을 학습하는 데 곤란을 느끼게 되고, 과거를 극복하지 못하면 결

157

국 수학을 포기하게 됩니다.

초등학교 연산도 반복하여 학습하기보다 유형을 단계별로 구분하여 매 시간 한 가지를 한 번씩만 가르칩니다. 그러므로 그날 배운 내용은 그날 반드시 소화해야 합니다. 그다음 시간에는 당연히 이전 시간에 배운 것을 알고 있다는 전제 아래 수업이 진행되며, 이전 차시에 배운 내용을 복습하지 않습니다. 복습할 시간도 없고 반복 학습이 교과서에 제시되지도 않지요. 그러나 학생의 배움은 그렇게 일어나지 않습니다. 한 번 듣고 바로 이해하는 학생도 있지만 대부분은 어느 정도 시간과 노력을 반복적으로 들인 후에야 이해하게 됩니다.

모두의 출발선을 맞추는 '5분'

초등학교에서 배우는 이분모 분수의 덧셈은 결국 동분모 분수의 덧셈을 이용하게 됩니다. 분모가 다른 두 분수의 분모를 통분하여 통일하면 분모가 같은 분수의 덧셈의 방법으로 계산할 수 있습니다. 하지만 분모가 다른 분수의 덧셈을 수업할 때는 모든 학생이 분모가 같은 분수의 덧셈을 충분히 알고 있다는 전제하에 학습이 시작됩니다. 첫 과제가 대부분 $\frac{1}{2}+\frac{1}{4}$입니다. 분모가 같은 분수의 덧셈을 모르는 학생들을 위해서라도 $\frac{1}{4}+\frac{2}{4}$ 정도의 과제로 먼저 출발선을 맞춘다면 좀 더 많은 학생이 분모가 다른 분수의 덧셈을 해결해 낼 수 있을 것입니다.

중학교 일차함수 학습에서는 먼저 함수가 무엇이었는지를 상기해야 합니다. 교과서는 다짜고짜 $y=ax+b$ 형태의 함수를 일차함수라고 정의합니다. 일차함수의 핵심은 '일차'가 아니라 '함수'이지만 일차함수 단원에서는 일차함수가 진짜 '함수'인지에 대한 학습이 일어나지 않습니다. 첫 과제로 한마디만 삽입하면 될 텐데 말입니다.

고등학교 1학년 다항식의 연산 학습에서는 중학교에서 배운 다항식의 여러 개념이 사용됩니다. 항, 단항식, 다항식, 차수, 계수, 동류항 정리 등 3년 전에 학습한 다항식의 여러 용어는 그 정확성이 중요합니다. 고등학교 다항식의 연산 첫 수업에서는 각각의 용어의 정의를 보다 명확하게 정리하고 되새겨 주면 출발선을 어느 정도 맞춘 상태가 될 것입니다.

교과서 반 쪽과 수업 시간 5분만 할애하면 3년 전 기억을 완전히 되살려서 오늘 수업을 모두 같이 출발할 수 있는 계기를 마련해 줄 수 있습니다.

중학교에서 배운 다항식과 관련된 용어와 용어의 뜻에 해당하는 설명을 선으로 연결하시오.

(1) 상수로만 이루어진 항   •   • 항
(2) 식 $3x+2$에서 $3x$와 2   •   • 다항식
(3) 항에서 문자에 곱해져 있는 수   •   • 상수항
(4) 한 개의 항으로 이루어진 식   •   • 차수
(5) 항에서 곱해진 문자의 개수   •   • 일차식
(6) 한 개 또는 두 개 이상의 항의 합으로 이루어진 식 •   • 계수
(7) 차수가 1인 다항식   •   • 동류항
(8) 다항식에서 문자와 차수가 각각 같은 항 •   • 단항식

중학교에서 배운 내용을 먼저 복습하는 고등학교 대안교과서 『고등 수학의 발견』

이전 개념과의 연결

모든 수학 개념은 이전 개념에서 연결됩니다. 이전 개념과 연결되지 않고 갑자기 툭 떨어지는 수학 개념은 거의 없습니다. 가장 기본이 되는 자연수 1은 다른 수로 만들어지지는 않지만 유아 시절에 하나, 둘, 셋, ⋯ 하며 수를 셌던 기억에서 하나임을 연결할 수 있습니다. 1 이후의 모든 자연수와 정수, 유리수 등은 이전에 배운 수에서 연결되어 만들어집니다.

새로운 개념이라는 것이 학생이 가진 이전 개념으로부터 연결된다면 자기주도성이 어느 정도 보장될 수 있습니다. 세 자리 수의 덧셈과 뺄셈은 두 자리 수의 덧셈과 뺄셈으로부터 연결되며, 이 과정에 새로운 개념은 하나도 없습니다. 반대로 두 자리 수의 덧셈과 뺄셈의 개념 중 받아올림이나 받아내림, 자릿값 개념 등만 있으면 세 자리 수의 덧셈과 뺄셈은 학생 스스로 학습할 수 있습니다. 그러므로 세 자리 수의 덧셈과 뺄셈 단원에서 첫 시간을 두 자리 수의 덧셈과 뺄셈을 확인하는 시간으로 할애하면 이후 세 자리 수의 덧셈과 뺄셈은 지도할 내용이 완전히 줄어듭니다. 사실 새로운 개념은 없다고 봐도 무방합니다.

삼각형의 내각의 크기의 합이 180°인 것만 확신하면 이후 사각형, 오각형, 육각형 등은 각 다각형을 잘라서 삼각형으로 만들고 그 삼각형의 개수에 180°를 곱하는 것으로 각 다각형의 내각의 크기의 합을 구할 수 있습니다. 오각형, 육각형의 내각의 크기의 합을 구하려고 중학생이 되기까지 기다릴 필요도 없습니다. 흔히 수학 개념은 위계가 있어 어렵다고 하지만, 개념끼리 연결하지 않고 분리된 공부를 해서 어려운 것입니다. 역설적으로 수학은 연결된 위계를 앎으로써 개념적인 학습을 할 수 있으므로 오히려 쉽게 공부할 수 있다고도 말할 수 있습니다.

여기서 중요한 것은 사각형, 오각형, 육각형으로 확장하기 이전에 삼각형에 대한 학습 그 자체가 충분해야 한다는 것입니다. 응용력이나 연결 능력 또는 확장 능력은 개념 학습의 결과로만 발휘되거든요. 그런 의미에서 초등에서는 연역적으로 삼각형의 내각의 크기의 합이 180°임을 보일 수는 없어도 3~4개의 다양한 크기의 삼각형을 잘라 이어 붙이는 실험 활동을 통해서 어떤 모양이든 크기에 관계없이 삼각형의 내각의 크기의 합이 180°라는 사실을 확인해야 하고, 본인이 직접 각도기를 이용하여 재고 더했더니 180°가 나오는 과정을 경험해야 합니다. 그러다가 중학생이 되었을 때 평행선의 성질을 이용하여 이 사실을 연역적으로 증명해야만 완성된 지식이 되고 살아 있는 개념이 됩니다.

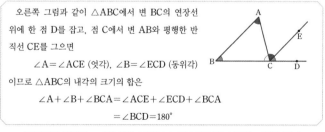

오른쪽 그림과 같이 △ABC에서 변 BC의 연장선 위에 한 점 D를 잡고, 점 C에서 변 AB와 평행한 반직선 CE를 그으면

$\angle A = \angle ACE$ (엇각), $\angle B = \angle ECD$ (동위각)

이므로 △ABC의 내각의 크기의 합은

$\angle A + \angle B + \angle BCA = \angle ACE + \angle ECD + \angle BCA$
$= \angle BCD = 180°$

'삼각형의 내각의 크기의 합은 180°이다.'의 평행선의 성질을 이용한 증명

의미를 통합하는 복습 과정

　인지 능력과 학습 환경 등의 차이로 모든 학생은 저마다 학습 속도가 다릅니다. 그리고 수학은 각 개념의 계열성이나 위계성이 강하기 때문에 이전 개념에 대한 인지가 부족하면 새로운 개념 학습이 어려울 수 있습니다. 따라서 수학 수업에서는 매 시간 선수 개념 인지 정도를 확인할 필요가 있습니다. 그래야 가급적 많은 학생이 같은 출발선에 서서 본 수업에 들어갈 수 있습니다.

　다음은 초등학교 복습 과정입니다. 수학 익힘에서 매 단원 첫 장에만 제시됩니다.

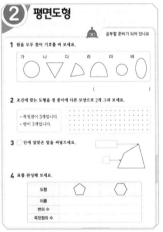

　왼쪽은 초등학교 3학년에서 세 자리 수의 덧셈과 뺄셈을 학습하기 전에 복습하는 과정이고, 오른쪽은 초등학교 3학년에서 직각과

직사각형을 학습하기 전에 복습하는 과정입니다.

다음은 고등학교 1학년에서 다항식의 연산 단원을 학습하는 첫 부분 반 쪽에 제시된 복습 과정입니다.

복습 과정이 단원 시작 부분에만 따로 구성되어 있는 탓에 매 수업은 대부분 복습 없이 바로 본문부터 시작하는 것이 현실이지요. 따라서 단원 맨 앞에 복습 과정을 따로 구성하지 않고 본문의 탐구 활동 속에 제시하는 방법을 고려할 수 있습니다. 교육과정에서는 보통 하나의 수학 개념이 6개월 또는 1~2년 정도의 간격으로 연결되는데, 이 기간의 공백을 메우기 위해 복습 활동은 반드시 필요합니다. 복습 과정을 새로 배울 과정과 따로 구분하지 않음으로써 둘 사이를 자연스럽게 연결할 수 있습니다.

다음 과제는 중학교 1학년 회전체 학습의 복습 과정을 탐구 활동으로 엮은 것입니다.

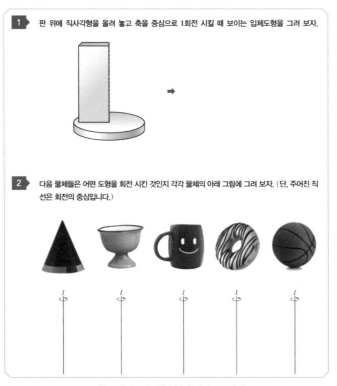

1 판 위에 직사각형을 올려 놓고 축을 중심으로 1회전 시킬 때 보이는 입체도형을 그려 보자.

2 다음 물체들은 어떤 도형을 회전 시킨 것인지 각각 물체의 아래 그림에 그려 보자. (단, 주어진 직선은 회전의 중심입니다.)

중학교 대안교과서 「수학의 발견」 중 발췌

1번은 초등학교에서 경험한 활동을 비슷하게 재현하는 과정이고, 2번은 새롭게 학습해야 하는 내용입니다. 이렇게 복습과 새로 배울 내용이 섞여서 통합되면 복습을 하는 동안 선수 개념이 부족한 아이들을 준비시킬 수 있습니다.

중학교 1학년에서 회전체를 가르칠 때, 이전에 이 부분을 어디까지 다뤘는지 알아보는 것이 복습이지요. 이 복습이 있으나 마나 하게 흘러가지 않으려면 탐구 활동 속에서 새로 배우는 학습 내용과 혼합되어야 합니다. 그래야 이 활동이 수업에 구현될 수 있습니다.

학교에서 가르치는 대부분의 학습 과제는 상호 계열성이 있는 것이므로 먼저 학습된 지식은 다음에 학습될 지식을 포섭하는 역할을 합니다. 즉, 새로운 지식을 이해하고 해석하는 데 이 지식과 관련된 선수 지식을 조회하여 연결하는 방법을 사용하는 것이지요. 학습자가 새로운 학습 과제를 맹목적으로 그저 암기할 뿐 선수 지식에 관련시키지 않는다면 그건 기계적 학습에 그치고 맙니다. 유의미한 학습이 필요합니다. 학습 과제를 자기가 알고 있는 것에 결부시켜 의미가 통하게 함으로써 그걸 기억하려 해야만 의미 있는 학습이 일어날 수 있습니다. 선수 지식이 부족하다면 복습을 통해서라도 연결성을 끌어내야만 하지요.

제5장

분리 상태를 극복하여
영역 간 통합을 이룬 교과서

분절된 영역별 교육과정의 문제점

우리나라 수학과 교육과정은 과거에 비해 많이 발전했지만, 여전히 일회성, 단절성, 배타성의 경향이 강합니다. 핵심 내용이 반복·심화·확대되는 나선형이기보다 내용이 한 번 소개되고 다음 내용으로 넘어가는 단선형의 특징을 갖고 있지요. 또한 핵심 내용을 다양한 관점에서 접근하기보다 한 내용 영역에서 제한적으로 학습하게 되어 있고, 여러 내용 영역이 통합적으로 조직되어 내용 체계를 이루기보다 서로 배타적으로 병립하고 있습니다. 교과서마저도 이런 한계를 극복하지 못하고 분리적인 성향을 드러냅니다.

우리나라 교과서는 교육과정 영역과 대동소이하게 분리되어 있습니다. 교육과정은 학문적 특성을 고려하여 수와 연산, 변화와 관계, 도형과 측정, 자료와 가능성의 네 영역으로 구분하더라도 교과서는 학습자의 특성을 고려하여 통합적으로 구성되어야 합니다. 보다 바람직한 것은 성취기준 자체가 통합의 성격으로 구성되는 것입니다.

우리나라 초등학교와 중학교 수학교과서는 모든 단원이 4개의 영역별로 별도 구성되어 있습니다. 중학교 교과서를 보면 1학기에 수와 연산, 변화와 관계 영역이 순서대로 나옵니다. 간단하게 생각하면 학생들은 수와 연산에서 학습한 내용을 기초로 문자와 식을 학습하고, 수와 연산, 문자와 식 단원에서 학습한 내용을 토대로 함수 단원을 학습합니다. 학생들은 수와 연산, 문자와 식 단원을 학습하면서 이것이 장래에 학습할 함수를 위해 기초 연산을 지루하게 견디는 과정임을 인내하지 못하고 수학에서 멀어져 갑니다.

이차방정식 단원 속의 인수분해는 당연히 이차방정식의 해를 구하는 데 필요한 정도로만 다루게 됩니다. 이런 의미에서 수와 연산, 문자와 식, 함수의 세 단원 중 가능한 한 많은 부분을 함수나 방정식으로 통합하여 가르치는 방안을 모색해야 합니다. 교육과정은 학문의 위계상 영역별로 구성되는 것이 바람직하지만, 교과서에서 세 단원을 최대한 통합하면 학습 내용이 경감되고, 그 내용 간의 연결이 긴밀해지는 효과가 발생할 것입니다.

영역 간 통합이나 연결성을 충분하게 구현하지 못하고 분절된 채로 교과서가 구성되면 학생들은 수학의 각 개념과 지식의 일관성을 발견하기 어렵습니다. 수학의 각 개념을 따로따로 학습하면 수학 개념 사이의 의미 있는 통합을 이뤄 내기 어렵습니다. 단편적인 지식 위주로 학습하게 되지요. 이차식, 이차방정식, 이차부등식, 이차함수, 이차곡선 등을 대수, 해석, 기하 영역에서 각각 따로 다루면 그 연관성이 명료하게 드러나지 못하고 학습량은 불필요하게 증가합니다. 다행히 고등학교는 2009 개정에서부터 교육과정의 성취기준이 통합되어 교과서가 변화하게 되었습니다.

성취기준의 변화에 따른 교과서의 변화

(2007 개정 교육과정)
이차부등식과
연립이차부등식을
풀 수 있다.

먼저, 이차방정식 $ax^2+bx+c=0$ $(a \neq 0)$이 서로 다른 두 실근을 가질 때, 이에 대응하는 이차부등식의 해를 알아보자.

여기서 두 실근을 α, β $(\alpha < \beta)$ 라고 하면,
$$ax^2+bx+c = a(x-\alpha)(x-\beta)$$
와 같이 인수분해된다. 따라서, $a>0$이면 ax^2+bx+c의 부호는 $(x-\alpha)(x-\beta)$의 부호와 일치하므로 ax^2+bx+c의 부호는 다음과 같이 조사하면 된다.

x	$x<\alpha$	α	$\alpha<x<\beta$	β	$\beta<x$
$x-\alpha$	−	0	+	+	+
$x-\beta$	−	−	−	0	+
$(x-\alpha)(x-\beta)$	+	0	−	0	+

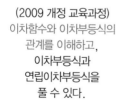

(2009 개정 교육과정)
이차함수와 이차부등식의
관계를 이해하고,
이차부등식과
연립이차부등식을
풀 수 있다.

일반적으로 이차방정식 $ax^2+bx+c=0(a>0)$의 판별식을 $D=b^2-4ac$라 하면 이차부등식의 해와 이차함수의 그래프 사이에는 다음과 같은 관계가 성립함을 알 수 있다.

	$D>0$	$D=0$	$D<0$
$y=ax^2+bx+c$의 그래프			
$ax^2+bx+c>0$의 해	$x<\alpha$ 또는 $x>\beta$	$x \neq a$인 모든 실수	모든 실수
$ax^2+bx+c<0$의 해	$\alpha<x<\beta$	없다.	없다.
$ax^2+bx+c \geq 0$의 해	$x \leq \alpha$ 또는 $x \geq \beta$	모든 실수	모든 실수
$ax^2+bx+c \leq 0$의 해	$\alpha \leq x \leq \beta$	$x=a$	없다.

수와 연산, 문자와 식, 도형과 같이 학문적 기준으로 나눠진 영역별 교육과정은 기성세대에게는 이해가 쉽지만, 수학을 영역별로 이해하지 못하는 현세대에게는 익숙하지 않습니다. 또 분절적인 영역별 교육과정은 학습 내용과 실생활의 괴리감을 좁히지 못할 뿐 아니라 폭발적으로 늘어나고 변화하는 지식을 따라가지 못해 과거의 무가치한 지식이 되어 버리고 맙니다.

분절된 개념을 연결하는 통합 교육과정

듀이는 학생들의 삶은 통합적이지만 전통적인 학교는 분절적인 교과 교육을 실시하기 때문에 학교에서 배운 내용이 실생활에는 영향을 주지 못한다고 지적하면서 경험 중심 통합 교육을 주장했습니다. 영역 간 경계를 허무는 통합 교육과정이 필요합니다. 수학과 교육과정의 문서 구성은 학문적 특성을 고려하여 네 영역으로 구분하더라도 교과서는 학습자의 특성을 고려하여 통합적으로 구성해야 합니다. 함수, 그래프, 방정식을 대부분의 교과서에서 서로 다른 장으로 분리하여 다루는데, 프로이덴탈도 이들 학습 영역 역시 연결되어야 한다고 주장했습니다.

내용 조직에 있어 연속성, 계열성, 통합성을 높이려면 수학 내용을 한 영역에서만 단편적으로 가르칠 것이 아니라 여러 내용 영역에서 통합적으로 다뤄야 합니다. 수학의 개념은 분절된 것이 아니라 일관성을 가지고 연결되었을 때 논리적 모습을 갖춥니다. 논리적 일관성을 경험한 학습자는 수학에 대한 내적 동기를 지니게 되어 수학을 좋아하는 학습자로 성장합니다.

통합은 2가지 측면에서 이뤄질 수 있는데, 하나는 수학 내부 영역 사이의 통합이고, 다른 하나는 수학 외부의 실생활 경험이나 다른 학문과의 통합입니다. 현 교과서는 학문적 입장에서 기술된 교육과정의 목차와 구분을 그대로 따르고 있어 각 영역이 분절되는 성격을 강하게 보이는 데다 영역 간 통합성이 약하게 나타나고 있으니 이 부분을 강화해야 할 것입니다. 특히 변화와 관계 영역으로 통합된 문자와 식, 함수 영역이 수와 연산 영역과 더불어 전체적으로 대수적인 부분에서 통합된 교과서가 나와야 하며, 나아가 대수와 기하 영역의 통합이나 통계와 대수, 기하 영역의 통합도 꼭 이뤄 내야 할 것입니다.

여러 영역 및 과목에 흩어져 있던 동일 주제의 내용을 통합하고 연결성을 강화하면 불필요하게 복잡한 계산의 양을 대폭 줄이고 각 주제가 왜 등장하게 되었는지 근본적인 물음에 답할 수 있게 될 것입니다. 예를 들어 중학교 1, 2학년 대수 영역은 함수를 학습하면서 이를 해결하는 데 필요한 도구로, 기존 교과서의 수와 연산, 문자와 식 내용의 일부를 다룹니다. 실생활에서 방정식을 세워야만 해결할 수 있는 적절한 상황을 찾아 이를 해결하는 데 필요한 도구로 문자, 식, 연산 등을 다루지요. 문자와 식 자체가 수업 목표일 필요가 없습니다. 학생들은 방정식을 푸는 데 필요하니까 문자와 식을 공부하는 것임을 스스로 느낄 수 있어야 합니다.

2022 개정 교육과정은 문자와 식 영역과 함수 영역을 변화와 관계 영역으로 통합했습니다. 그렇지만 새 교과서는 여전히 영역이 통합되지 않고 분리된 상태입니다. 교육과정의 통합 정신이 교과서에서는 반영되지 않고 있습니다.

2015 개정 중학교 1학년 교과서 목차 (문자와 식 영역, 함수 영역)	2022 개정 중학교 1학년 교과서 목차 (변화와 관계 영역)
Ⅱ. 방정식 1. 문자와 식 　01 문자의 사용 　02 일차식의 계산 2. 일차방정식 　01 방정식과 그 해 　02 일차방정식	Ⅱ. 문자와 식 1. 문자의 사용과 식의 계산 　01 문자의 사용과 식의 값 　02 일차식과 그 계산 2. 일차방정식 　01 방정식과 그 해 　02 일차방정식과 그 풀이
Ⅲ. 그래프와 비례 1. 좌표평면과 그래프 　01 순서쌍과 좌표 　02 그래프 2. 정비례와 반비례 　01 정비례 　02 반비례	Ⅲ. 좌표평면과 그래프 1. 좌표와 그래프 　01 순서쌍과 좌표 　02 그래프 2. 정비례와 반비례 　01 정비례 　02 반비례

문자와 식 영역과 함수 영역을 통합한다면 함수 영역을 중심으로 통합되어야 하는데 단원의 지도 순서나 영역의 구분이 여전한 것은 다소 실망스럽습니다. 두 교육과정의 교과서 목차만 보더라도 전혀 달라진 것이 없습니다. 이런 현상은 성취기준이 변하지 않은 탓이기

도 합니다. 교육과정에서 영역은 통합되었지만 성취기준이 통합되지 않아 교과서 저자들로서는 새로운 통합 시도가 어려웠을 것으로 예상할 수 있습니다.

교육과정 영역은 통합, 성취기준은 제각각

2015 개정 교육과정 성취기준	2022 개정 교육과정 성취기준
문자와 식 영역	변화와 관계 영역
□ 문자의 사용과 식의 계산 [9수02-01] 다양한 상황을 문자를 사용한 식으로 나타낼 수 있다. [9수02-02] 식의 값을 구할 수 있다. [9수02-03] 일차식의 덧셈과 뺄셈의 원리를 이해하고, 그 계산을 할 수 있다.	□ 문자의 사용과 식 [9수02-01] 다양한 상황을 문자를 사용한 식으로 나타내어 그 유용성을 인식하고, 식의 값을 구할 수 있다. [9수02-02] 일차식의 덧셈과 뺄셈의 원리를 이해하고, 그 계산을 할 수 있다.
□ 일차방정식 [9수02-04] 방정식과 그 해의 의미를 알고, 등식의 성질을 이해한다. [9수02-05] 일차방정식을 풀 수 있고, 이를 활용하여 문제를 해결할 수 있다.	□ 일차방정식 [9수02-03] 방정식과 그 해의 뜻을 알고, 등식의 성질을 설명할 수 있다. [9수02-04] 일차방정식을 풀 수 있고, 이를 활용하여 문제를 해결할 수 있다.
함수 영역	□ 좌표평면과 그래프 [9수02-05] 순서쌍과 좌표를 이해하고, 그 편리함을 인식할 수 있다.
□ 좌표평면과 그래프 [9수03-01] 순서쌍과 좌표를 이해한다. [9수03-02] 다양한 상황을 그래프로 나타내고, 주어진 그래프를 해석할 수 있다. [9수03-03] 정비례, 반비례 관계를 이해하고, 그 관계를 표, 식, 그래프로 나타낼 수 있다.	[9수02-06] 다양한 상황을 그래프로 나타내고, 주어진 그래프를 해석할 수 있다. [9수02-07] 정비례, 반비례 관계를 이해하고, 그 관계를 표, 식, 그래프로 나타낼 수 있다.

이제 통합의 부담은 고스란히 책임감을 가진 수업자에게 옵니다. 교사는 교육과정 재구성 또는 교과서 재구성이라는 작업을 거쳐서 통합할 수 있습니다. 문자와 식 그 자체의 학습목표가 없는 것은 아니지만 문자와 식은 결국 함수를 학습하기 위한 기초 수단으로서의 존재 가치가 가장 크다고 생각할 수 있습니다. 이런 면에서 문자와 식은 별도의 단원으로 독립되기보다는 함수 단원의 하위 단원으로 종속되는 것이 통합의 의미를 살리는 방법이 될 것입니다.

중학교 1학년 교과서 변화와 관계 영역의 통합 방안

다음 표는 고등학교 교과서에 나타난 통합의 방식으로 중학교 1학년 변화와 관계 영역을 통합하는 방안에 대한 예시입니다.

우선 '정비례와 반비례(함수)'라는 대단원 아래 중단원을 크게 '문자와 식', '비례 관계와 방정식'으로 나눴습니다. 함수의 하위 단원으로 구분하면서 문자와 식, 방정식에서 다루는 문자, 식을 함수에 등장하는 정도로만 제한하려는 의도지요. 따라서 전체적으로 소주제로 존재하면서 많은 분량을 차지했던 내용 자체가 축소될 것입니다. 또 문자를 사용하는 이유나 자연수 범위에서 정수와 유리수로 수가 확장되는 이유, 방정식과 함수 간의 관계 등을 연결하여 생각할 수 있는 계기를 제공할 것입니다. 이러한 과정을 통해 학생들은 자연현상과 사회현상을 이해하고 기술하는 데 수학이 왜 필요하고 유용한지를 체험하고 그 가치를 인식할 수 있습니다.

검정교과서(현재)	통합안(대안)
Ⅰ. 수와 연산 2. 정수와 유리수 　01 정수와 유리수 　02 정수와 유리수의 덧셈과 뺄셈 　03 정수와 유리수의 곱셈과 나눗셈 Ⅱ. 방정식 1. 문자와 식 　01 문자의 사용 　02 일차식의 계산 2. 일차방정식 　01 방정식과 그 해 　02 일차방정식 Ⅲ. 그래프와 비례 1. 좌표평면과 그래프 　01 순서쌍과 좌표 　02 그래프 2. 정비례와 반비례 　01 정비례 　02 반비례	Ⅰ. 정비례와 반비례 1. 문자와 식 　01 문제 상황 제시 　　(정비례 활용 문제) 　02 초등학교 방식의 문제 해결 방법 　　복습(예상과 확인 전략 사용) 　03 문자의 사용과 식의 계산 　04 정수와 유리수의 사칙연산 2. 비례 관계와 방정식 　01 정비례, 반비례와 그 그래프 　02 일차방정식의 풀이 　03 여러 가지 문제 해결 *정수와 유리수의 사칙연산은 처음에 　제시된 문제 상황을 해결하는 과정에서 　학습한다. *정비례, 반비례 관계를 나타내는 　그래프는 처음에 제시된 문제 상황을 　나타내는 과정에서 학습한다. *정비례, 반비례 관계의 문제를 　해결하는 과정에서 일차방정식의 해를 　구하는 것을 학습한다.

대안에서는 문자와 식 영역뿐만 아니라 수와 연산 영역까지 통합했습니다. 수와 연산 영역도 그 자체의 성취기준이 있다고는 하지만 결국 문제 해결 도구로서의 용도가 크므로 독립적으로 지도하기보다 함수 영역의 하위 영역으로 지도하는 것이 효과적일 것입니다. 학생들이 문제 해결 과정에 필요해서 연산을 학습하는 것이라면, 아무런

맥락 없이 학습하기보다 문제 해결 과정에서 학습하는 것이 더 유의미하지요.

유리식, 무리식과 유리함수, 무리함수의 통합

2007 개정 교육과정과 그 이전까지 '유리식과 무리식'은 유리함수, 무리함수를 이해하기 위한 기초를 제공했습니다. 그러나 실제 학교 현장에서는 유리식과 무리식을 유리함수, 무리함수와 연계하여 생각하지 못하고 번분수, 이중근호 등 유리식과 무리식의 계산 방법과 기능의 숙달에 많은 노력을 들였지요. 이런 상황이 학습 동기 유발을 어렵게 하고 흥미를 떨어뜨리며 학습량을 가중시킨다는 문제점이 제기되었습니다.

2009 개정 교육과정부터는 유리식과 무리식을 유리함수와 무리함수와 통합하여 유리식과 무리식 관련 계산이 최소화되었습니다.

이차방정식, 이차부등식, 이차함수의 통합

2009 개정 교육과정부터 고등학교는 이차방정식과 이차부등식, 그리고 이차함수의 연계성을 강화하고 서로 다른 영역에서 다루는 과정에 불필요하게 발생하는 학습량을 감축한다는 점에서 이차방정식, 이차부등식의 이론과 이차함수의 성질이 자연스럽게 연계되도록

내용을 통합했습니다. 성취기준이 통합되었기 때문에 교과서의 변화가 보다 쉽게 이뤄졌습니다.

> [10공수1-02-04] 이차방정식과 이차함수를 연결하여 그 관계를 설명할 수 있다.
> [10공수1-02-11] 이차부등식과 이차함수를 연결하여 그 관계를 설명하고, 이차부등식과 연립이차부등식을 풀 수 있다.
>
> (2022 개정 교육과정)

방정식과 함수의 통합

현재의 교육과정 운영 방침은 학습자 중심 교육과정을 표방하고 있기 때문에 교육과정이나 교과서보다는 학생의 사고 과정이나 학습 수준을 중심으로 교과서를 재구성할 수 있습니다. 당연히 수학교사에게는 교과서의 진술 순서와 방식을 얼마든지 수정해서 가르칠 권한이 있습니다. 예를 들어 중학교 2학년 연립일차방정식의 경우, 교육과정에서 연립일차방정식의 해는 먼저 일차함수의 그래프와 무관하게 가감법이나 대입법을 이용하여 구하도록 가르치다가 일차함수의 그래프를 학습한 이후에 다시 일차함수의 그래프와 연립방정식의 해의 관계를 학습하는 이중의 방법으로 지도하게 됩니다. 하지만 이는 개념의 연결성을 고려하지 않은 것으로, 연립의 의미를 기하학적인 것과 더불어 구체적인 상황에서 지도하는 변화가 필요합니다. 이미 학생들은 중학교 1학년에서 일차방정식의 풀이를 배웠고, 함수를 글이나 그래프, 순서쌍, 관계식 등 다양한 방법으로 표현할 수 있다는 것을 배웠기 때문에 얼마든지 통합적인 지도가 가능한 부분입니다.

연립방정식을 해결하는 전통적인 방법인 가감법 등을 무시하는 것이 아니라 개념 연결이 우선이라는 철학으로 일차함수의 그래프를 연결하여 지도하고, 가감법 등을 통해 해를 정확히 구하는 다양한 방법을 학습하도록 지도할 것을 제안합니다.

현재 중학교 교과서는 기본적으로 '수와 연산 → 문자와 식 → 방정식 → 함수'의 순서입니다. 함수 문제를 해결하려면 방정식을 풀게 되고, 방정식을 풀려면 문자와 식을 다룰 수 있어야 하며, 문자와 식의 계산은 수와 연산이 필요하기 때문입니다. 이런 이유로 교과서는 이 순서를 지켜 왔습니다. 문자와 식 영역과 함수 영역이 변화와 관계 영역으로 통합된 이후에도 이런 경향에 변화가 없을 것으로 예상할 수 있는 것은 새 교육과정에서 영역 이름만 통합되었지 성취기준에는 변화가 없기 때문입니다. 이러한 순서는 순전히 수학의 학문적인 순서와 계통을 따르는 것입니다. 학생들의 호기심과 흥미, 관심을 끌어내는 것과는 정말 무관합니다.

수와 연산, 문자와 식, 방정식보다 훨씬 핵심이라고 볼 수 있는 함수를 접하기 전 세 번의 진입 장벽에서 무너지는 학생들을 고려한다면 순서가 달라져야 합니다.

고등학교 교과서에서 이차방정식, 이차부등식, 이차함수를 통합하여 불필요하게 많은 계산의 양을 대폭 줄였듯이 중학교에서도 일차방정식과 일차함수를 통합하고, 핵심 개념을 구체적으로 재구성하여 수업할 수 있습니다. 또한 인수분해와 이차방정식을 통합하면 이차방정식을 해결하는 데 필요하지 않은 복잡한 인수분해 공식 등은 학습할 필요가 없어집니다.

현재 교과서의 연립일차방정식 지도 순서	통합과 연결 제안
연립일차방정식의 해 일차함수의 그래프 일차함수와 일차방정식의 관계	일차함수의 그래프 연립일차방정식의 해

Tip 함수의 지도

설문 조사에 따르면 중고등학생들이 가장 어려워하는 개념은 함수다. 함수가 어려운 이유는 초등과 연결되지 않기 때문이기도 하지만 방정식과 차이 나는 부분에 대한 이해가 충분하지 못한 결과이기도 하다. 방정식에서는 문자를 x 하나만 주로 사용하는데 함수에서는 y가 추가되면서 그 역할이 갑자기 달라지는 것을 감지하기 어렵기 때문이다. 일차원의 세계에서 생각하던 사고가 갑자기 이차원으로 확장되는 부분도 있다. x는 수직선 하나만 있으면 되지만 x와 y는 좌표평면이 필요하다. 좁은 세상을 살다가 갑자기 넓은 세상에 나가면 당황스러운 것과 같은 이치다.

방정식에서는 주된 관심이 x의 값을 구하는 것이고, 이것을 답이라고 생각했다. 그런데 함수에서는 x의 값을 구하는 것은 전혀 관심 대상이 아니고, x가 변함에 따라 y가 함께 변하는 과정을 추적한다. 그리고 이 결과가 그래프로 나타난다. 방정식에서는 답이 1개 또는 기껏해야 2~3개였는데 함수에서는 그 식을 만족하는 순서쌍 (x, y)의 개수가 무수히 많다.

반대로 지도하면 어떨까?

함수라는 넓은 세상을 보여 주고, 그 속에서 방정식의 좁은 세계를 탐구하도록 하면 함수를 본 학생들의 눈에 방정식은 아주 사소하고 쉬워 보일 것이다. 함수라는 이차원의 상황에서 벌어지는 문제를 해결하기 위한 수단이 일차원인 방정식이니 방정식을 공부해야 하는 목적이 눈앞에 보이는 것이다. 목적을 알면 그 목적을 이루기 위한 동기 또한 쉽게 일어난다. 방정식을 배우면서 저 멀리 아마득하게 있다고 하는 함수를 향해서 캄캄한 세상으로 들어가는 학생의 심정은 별로 유쾌하지 않을 것이다. 하지만 함수라는 희망의 세계를 보고 그것을 탐색하기 위한 수단이 방정식임을 알게 된다면 방정식은 도전해 볼 만한 것이 된다.

학습자에 맞춘 교과서 재구성

현재의 교육과정 운영 방침은 학습자 중심 교육과정이기 때문에 교육과정이나 교과서보다는 학생의 사고 과정이나 학습 수준 중심으로 교과서를 재구성할 수 있습니다. 당연히 교사에게는 교과서의 진술 순서와 방식을 얼마든지 재구성해서 가르칠 권한이 있습니다. 예를 들어 초등에서 막대그래프, 띠그래프나 비율그래프 등은 별도로 분리된 단원으로 가르치는 것보다 연산 단원이나 비율 단원 속에 통합하여 지도하는 것이 효과적일 수 있습니다. 비율을 학습하면서 자연스럽게 비율이 활용되는 비율그래프를 다루면 수학의 유용성에 대한 설득이 쉬워집니다. 아울러 둘을 분리해서 2개로 가르치기보다 둘을 통합하여 하나로 가르치면 학습 부담도 줄어듭니다. 중요한 것은 학습 효과가 다르다는 것입니다.

초등에서 약수와 배수를 지도할 때는 흔히 약수를 다 끝내고 배수로 넘어갑니다. 하지만 약수는 나눗셈과 관련되고 배수는 곱셈과 관련됩니다. 당연히 곱셈 개념이 쉽습니다. 따라서 배수를 먼저 지도한 뒤 약수를 지도하는 것도 좋은 방안이 될 수 있습니다.

중학교 2학년 연립일차방정식 단원에서 연립일차방정식의 해는 먼저 가감법 등의 계산법을 익혀서 해결하다가 일차함수의 그래프를 학습한 뒤 다시 일차함수의 그래프와 연립방정식의 해의 관계를 학습하는 이중의 방법으로 지도됩니다. 하지만 학생들은 중학교 1학년에서 일차방정식의 풀이를 배웠고, 함수를 글이나 그래프, 순서쌍, 관계식 등 다양한 방법으로 표현할 수 있다는 것을 배웠기 때문에 중학교 2학년에서 일차함수를 학습할 수 있습니다. 위와 같은 지도 방식에서 학생들은 이미 가진 개념을 연결하지 않고 새롭게 가감법을 익혀서 풀어야 하는 어려움을 겪습니다. 일차함수의 지도가 선행되면 이것을 이용하여 연립방정식의 해의 개념을 지도할 수 있습니다. 이때 가감법은 연립방정식의 해를 구하는 방법으로 자연스럽게 도입할 수 있습니다.

기존의 분리된 방식

가감법으로 연립방정식의 해 구하기	일차함수	일차함수의 그래프와 연립방정식의 해의 관계로 연립방정식의 해 구하기

연결과 통합의 방식

일차함수	일차함수의 그래프와 연립방정식의 해의 관계로 연립방정식의 해 구하기	가감법으로 연립방정식의 해를 구해 확인하기

상위 학년에 걸맞은 정의의 확장

수학교과서에서 어떤 개념에 대한 정의는 최초 배우는 시기에 주어지며, 이후 다시 정의하지 않는다는 이상한 원칙이 있습니다. 제7차 교육과정은 단계형이었고, 수학과 교육과정은 초등학교 1학년부터 고등학교 1학년까지 총 20단계(1-가, 1-나, 2-가, 2-나, …, 10-가, 10-나)로 나뉘었습니다. 단계형에서는 이전 단계를 이수하지 못하면 재이수를 해야 하므로 이미 이수한 학년의 개념을 재정의하는 것은 모순이라는 주장에서 나온 원칙입니다. 이런 관습은 이후의 교육과정이 단계형이 아닌데도 불구하고 지금까지 지속되고 있습니다.

초등 1학년에서는 홀수와 짝수를 자연수의 범위에서만 정의했습니다. 중학교에 와서 홀수와 짝수를 정수의 범위로 확장해 정의해야 하는데, 이 원칙 때문에 그럴 수가 없었습니다. 가까이는 일상생활에서도 모순이 나타납니다. 차량 2부제를 살펴봅시다.

차량 2부제란 차량 번호 끝자리가 홀수(1, 3, 5, 7, 9)인 차량은 홀수 일에만, 짝수(2, 4, 6, 8, 0)인 차량은 짝수 일에만 자동차를 운행하도록 차량 운행을 제한하는 제도입니다. 에너지 절약과 교통량 조절, 미세먼지 농도 개선 등을 위해 시행하지요. 여기서 논란은 0입니다. 0을 짝수라고 정의하지 못한 수학교과서를 보고도 우리는 0을 짝수로 사용하고 있습니다.

피타고라스 정리는 중학교 2학년 2학기에 편성되었습니다. 과거 피타고라스 정리가 중학교 3학년 2학기에 편성되었을 때는 학생들이 무리수를 학습한 상태이기 때문에 무리수를 사용해야 하는 직사각형이나 직육면체의 대각선의 길이를 구하는 과정을 빠짐없이 지도할 수 있었습니다. 그런데 피타고라스 정리가 2학년 2학기로 편성되면서 유리수 범위에서만 다루게 되었습니다. 피타고라스 정리는 무리수를 사용해야 하는 경우가 더 많은데 학습을 시작하는 단계에서 배울 수 없는 것이지요.

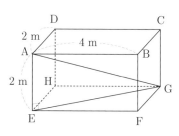
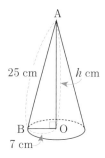

직육면체의 대각선의 길이를 구하려면 피타고라스 정리를 사용해야 합니다. 당연히 무리수가 나오지요. 원뿔의 모선의 길이와 밑면의 반지름의 길이를 알면 피타고라스 정리를 이용하여 높이를 구할 수 있는데, 이때도 무리수가 나옵니다.

약수와 배수는 초등학교 5학년에서 다루기 때문에 자연수의 범위에서만 정의했습니다. 약수와 배수의 정의가 정수로 확장되지 못한 상태에서 중고등학교 교과서나 수학 학습 지도에 생기는 어려움이 많습니다.

수학에서 약수와 배수의 정의는 무엇일까요? 초등학교에서 정의한 것을 확장하여 다음과 같이 음의 정수를 포함하고 있습니다.

두 정수 a, b에 대하여

$$b = ac$$

인 정수 c가 존재하는 경우에, 'a는 b를 나누어떨어뜨린다.' 또는 'b는 a로 나누어떨어진다.'고 한다. 이 경우에 a를 b의 약수 또는 인수라 하고 b를 a의 배수라고 한다.

(김응태·박승안, 『정수론』, 1998)

따라서 자연수만 다루는 초등학교 시절을 벗어나 정수를 다루는 중학교 1학년 정수와 유리수 단원에서 다시 약수와 배수의 정의를 정수의 범위까지 확장해서 다루도록 수정해 줘야 합니다. 하지만 우리나라 교과서는 이런 언급을 직접적으로 하지 않고 있어서 수업에서는 언급하지만 시험 문제를 출제할 때는 여전히 교사들의 고민거리가 되고, 시험 후에는 학생들과 교사들 사이에 논란이 되기도 합니다.

고등학교에서 인수정리를 이용한 인수분해 지도는 또 어떤가요? 삼차식이나 사차식의 경우 인수분해 공식에 맞는 식이 아니어서 인수분해를 할 수 없을 때는 인수정리를 이용하여 인수분해를 해야 합니다. 인수정리를 이용하려면 근을 찾아야 하는데, 대입해서 식의 값이 0이 될 가능성이 있는 수는 상수항의 약수밖에 없습니다. 삼차항이나 사차항의 계수가 1이 아닐 때는 이들의 계수의 약수를 분모로 하는 인수를 찾기도 합니다. 하지만 교과서에서는 약수인데도 약수라고 표현하지 못하고 있습니다. 그 이유는 약수의 정의를 정수 범위로 확장하지 못했기 때문이지요.

◆ **인수정리를 이용한 인수분해는 어떻게 할까?**

삼차 이상의 다항식을 인수분해할 때, 인수정리와 조립제법을 이용하면 편리한 경우가 있다.

예를 들어 다항식 $P(x)=x^3-2x^2-5x+6$이 계수와 상수항이 모두 정수인 두 다항식의 곱으로 인수분해된다고 하면 $P(x)$는

$$x^3-2x^2-5x+6=(x+a)(x^2+bx+c) \ (a, \ b, \ c는 \ 정수)$$

로 나타낼 수 있다.

이 식은 x에 대한 항등식이므로 양변의 상수항이 일치해야 한다.

즉, $6=ac$이다.

이때 a는 정수이므로 ± 1, ± 2, ± 3, ± 6 중 하나이다.

재정의 불가의 원칙 때문에 약수를 약수라고 쓰지 못하는 교과서

약수를 약수라고 말하지 못하는 현실은 수업에서는 보충 설명을

통해 해소될 수 있지만, 교과서만 읽었을 때는 그 뜻을 정확하게 알 수 없다는 문제점이 있습니다.

제6장

좋은 과제가 담긴 교과서

좋은 과제란 무엇인가

　재미있는 영화를 만들기 위해서는 좋은 감독과 배우가 있어야 하지만, 무엇보다 중요한 것은 영화 시나리오입니다. 아무리 제작비를 많이 들여 화려한 장면을 찍어도 시나리오가 탄탄하지 않으면 관객에게 외면당할 수밖에 없겠지요. 수업도 마찬가지입니다. 학생들과 관계가 잘 형성되어 있고 수업 속에서 대화도 많이 오고 가지만, 정작 가르치는 내용이 부실하다면 결코 좋은 수업으로 나아갈 수 없습니다.

　수업에서 학생과 대화를 시도해 보면 대부분 난관에 봉착합니다.

여러 가지 이유가 있겠지만, 가장 큰 문제는 수업 내용이 학생이 반응할 만한 것이 아니라는 점입니다. 간혹 대답을 하더라도 자기 생각을 이야기하기보다 정답만을 말하려는 경향을 보이지요.

많은 교사가 정답만을 맞히는 수업보다 학생의 다양한 생각이 표현되는 수업을 하고 싶어 합니다. 학생에게 적절한 질문이나 활동을 주어서 자기 생각을 표현하게 하고, 그것을 바탕으로 학생과 대화하고 싶어 하지요. 그러나 이를 위해 교사가 수업 내용을 재구성하고 학생과 함께 배움이 있는 수업을 한다는 것은 마음만큼 쉽지가 않습니다. 그렇다 보니 우리는 학생의 시선을 끌 자료, 학생이 좋아할 만한 수업 방법을 찾아다닙니다. 이런 시도가 꼭 나쁜 것만은 아니지만, 남이 사용한 좋은 수업 자료에 자꾸만 의존하면 수업 기획가로서의 교사는 사라지고 맙니다.

교사는 교과서를 벗어나 수업 내용을 새로이 기획하여 자기가 만나는 학생을 의미 있는 배움으로 이끌어야 합니다. 혼자서는 하기 힘든 일입니다. 수업 재구성에 대한 두려움을 극복하고 동료 교사와 함께 수업을 나누면서 새로운 수업을 만들어 볼 수 있을 것입니다.

수업의 핵심 사항 중 하나는 수업을 통해 학생이 주어진 과제를 해결하기 위한 방법을 고안하고 탐구함으로써 내용을 스스로 이해하게 하는 것입니다. 학생의 학습은 수업 시간에 어떤 활동을 하는가에 따라 결정되고, 어떤 활동을 할지는 완성해야 할 과제에 따라 결정됩니다. 그렇다면 어떤 종류의 과제가 필요할까요?

첫째, 반성적으로 생각하고 의사소통할 수 있는 것이어야 합니다. 학생들이 주어진 과제를 반성적으로 생각하고 각자의 경험으로 의사소통할 수 있으려면 과제를 스스로 해결해야 합니다. 또 주어진 과제에서 흥미로운 부분이나 논란이 되는 부분은 학문적이어야 합니다.

둘째, 도구를 사용하는 과제여야 합니다. '도구'는 단순히 수학 교구만을 뜻하는 것이 아니라 의사소통을 위한 말과 기호, 그리고 선수 지식 및 기술 등 문제 해결에 사용할 수 있는 자료와 학생들이 이미 알고 있는 사실을 광범위하게 포함합니다. 문제를 해결하기 위해 학생들은 표, 방정식, 그림, 그래프 등을 사용할 수 있습니다. 함수의 경우는 특히나 표, 방정식, 그림, 그래프 등 다양한 표상을 사용하여 설명할 수 있어야 합니다.

다양한 도구를 사용하는 것은 '표현'을 위한 중요한 수단이 됩니다. 수업에서 학생은 자기 스스로의 생각을 키우고, 친구와 함께 협력적인 문제 해결 능력을 길러 결국 사고를 업그레이드하게 되는데, 그 과정에 필요한 의사소통 수단이 바로 표현입니다. 자기 생각을 다른 사람에게 나타내는 '표현 학습'은 메타인지능력, 인과관계를 파악하고 설명하는 능력, 논리적인 사고력을 키워 줍니다.

셋째, 발전 가능성이 있어야 합니다. 과제를 해결하는 동안 수학의 구조를 통찰하게 되거나 문제 해결을 위한 전략 및 방법을 익히게 되는 상황을 말합니다. 수학 개념 사이의 관계를 반성적으로 생각하도록 하는 과제는 구조를 보는 통찰력을 길러 줄 수 있습니다.

다음 물음에 답해 봅시다.

- 교과서를 벗어나 수업을 재구성할 용기가 있는가?
- 수업 속에서 학생들이 수학적 의미를 발견하는가?
- 수업 속에서 학생들이 의문을 가지는가?
- 수업 속에서 학생들이 삶을 성찰하고 있는가?
- 주어진 과제가 원활한 의사소통을 유발하는가?
- 주어진 과제가 반성적이며 발전 가능성이 있는가?

학생의 자율성을 해치는 단계형 발문

교사는 학생을 대개 단계적으로 가르칩니다. 다시 말하면, 쉬운 과제를 먼저 제시하고 설명을 통해 그 내용을 이해시킨 다음 점차 어려운 과제로 나아갑니다. 그러나 이 전형적인 방법이 학생에게 본질적인 배움을 줄 수 있을지에 대해서는 의문을 가질 필요가 있습니다.

문장의 구조와 문장의 주성분을 주제로 하는 국어과 수업 중 주어와 서술어에 관한 학습 부진아 지도 수업에서 교과서에 나온 쉬운 문장을 주었더니 학생들이 문제를 이해하거나 해결하려고 노력하지 않는 상황이 벌어졌습니다. 이 학생들에게 스스로 문장을 만들어 같이 해결해 보자고 하니까 학생들은 인터넷에서 아이돌 뉴스에 관한 아주 어렵고 기다란 문장을 찾아 왔지요. 비록 문제를 해결하지는 못했지만, 이때는 뭔가 해 보려고 덤벼드는 모습을 보였다고 합니다. 재미있는 것은 어려운 문제를 해결하려고 시도한 후에 다시 교과서의 쉬운 문장을 주었더니 그걸 너무나도 쉽게 해결하더라는 것이지요.

수업에서 과제가 너무 쉬우면 학생에게 많은 배움이 일어나기 어렵습니다. 낮은 수준의 학생일지라도 과제가 다소 어려워 반성적인 사고를 많이 해야 하는 경우에 비로소 도전합니다. 따라서 사고 순서를 역행하는 과제 제시가 필요하겠지요.

단계형 발문은 학생의 자기주도성 발현을 방해할 수 있습니다. 여기서 단계형 발문은 수학 문제를 제시하는 데 있어 학생이 자기 생각으로 도달해야 하는 사고의 과정을 문제 속에 하위 문제로 계속 제시하여 아무 생각 없이 문제가 원하는 대로 따라가다 보면 저절로 답이 나오는 질문 방법을 말합니다. 다음의 예시도 단계형 발문입니다. 이런 방식으로 문제를 풀어 답을 낸 학생이 단계형 발문 1~4번이 없어도 문제를 풀 수 있을까요?

> • 한 상자에 16권이 들어 있는 노트 15상자를 72000원에 사 왔다. 한 상자에 노트를 12권씩 다시 담고 3800원을 받는다고 할 때 노트를 모두 팔아 남긴 이익을 구하라.
>
> 1. 사 온 노트는 모두 몇 권인가?
> 2. 노트를 한 상자에 12권씩 담으면 몇 상자가 나오는가?

3. 노트를 모두 판 금액은 얼마인가?

4. 노트를 팔아 남긴 이익은 얼마인가?

다음 수학 문제를 보겠습니다.

1. 상점 A, B에 정가가 100원인 물건이 있다.

(1) 두 상점이 다음과 같이 가격을 변화시켰을 때

정가는 얼마가 될까?

(A 상점) 가격을 10% 인상했다가 10% 인하한 경우

(B 상점) 가격을 10% 인하했다가 10% 인상한 경우

(2) 어느 상점의 가격이 더 높을까?

(3) 두 상점의 물건 가격은 처음 정가보다 낮을까, 높을까?

아니면 변함이 없을까?

2. 상점 A, B에 정가가 똑같은 물건이 있다.

 (1) 두 상점이 다음과 같이 가격을 변화시켰을 때

    어느 상점의 가격이 더 높을까?

    (A 상점) 가격을 a% 인상했다가 a% 인하한 경우

    (B 상점) 가격을 a% 인하했다가 a% 인상한 경우

 (2) 두 상점의 물건 가격은 처음 정가보다 낮을까, 높을까?

    아니면 변함이 없을까?

이런 순서로 학습을 시켰을 때 과연 교사가 학생에게 원하는 배움이 일어날까요? 이 수업의 목표는 무엇이어야 할까요? 이때 가격 인상과 인하 비율에 대한 추론 감각이 일어날 가능성은 거의 없어 보입니다. 100원과 10퍼센트라는 구체적인 수치 계산은 그 결과가 눈에 쉬이 보이잖아요. 이후 문자를 사용하더라도 굳어진 결과에 모든 것을 꿰맞추려 한다면 원하는 학습목표에 도달할 수 없겠지요.

이런 단계형 발문이 학습에 끼치는 영향은 무엇일까요? 단계형 발문은 아이들의 지적 자율성intellectual autonomy을 해칩니다. 따라서 만연해 있는 단계형 발문을 줄이고 교과서의 발문을 좀 더 개방적으로 열어 놓을 필요가 있겠지요. 추측하고 사고하는 주도적인 과정이 설계되어야 합니다.

교사가 모든 것을 가르치려 드는 상황에서 단계형 발문은 어쩌면 당연해 보이기도 합니다. 하지만 조금만 뒤집어 생각해 보면 이는 결국 학생을 순한 양으로 키우는 결과가 될 수 있습니다. 독수리는 때가 되면 새끼를 벼랑 끝에서 떨어뜨려 스스로 날게 하지요. 학생들을 강하게 키우려면 독수리의 교육 방식을 도입해야 합니다.

존 홀트가 『아이들은 어떻게 배우는가』에서 전한 다음 내용도 되새겨 봐야겠습니다.

어른들이 시키는 일이란 바로 아이들에게 배우는 법을 가르치기 위해 만들어 낸 것들이다. 짧게만 보면, 아이들이 쓰는 이런 전략이 통하는 것처럼 보인다. 거의 아무것도 배운 게 없어도 학교 과정을 통과할 수 있도록 해 놓았으니 그럴 수밖에. 그러나 길게 보면 이 전략은 아이들의 성장을 가로막고, 인격과 지성을 파괴해 버리고 만다. 이런 전략을 사용하는 아이는 규격화된 존재 이상으로는 성장하지 못한다. 대부분의 아이는 '틀에 박힌' 인간이 될 것이며, 이것이 바로 학교에서 일어나는 진짜 실패다. 이 실패에서 벗어나는 아이는 거의 없다.

학생의 관심사와 일치하는 소재 사용하기

· 핸드폰 회사 A는 한 달 기본요금 5만 원에 통화 1분당 400원의 요금을 부과한다. 핸드폰 회사 B는 한 달 기본요금 2만 원에 통화 1분당 1000원의 요금을 부과한다. A 회사의 요금제를 사용하는 것이 유리할 때와

> B 회사의 요금제를 사용하는 것이 유리할 때는 언제인가? 나의 핸드폰
> 사용량을 볼 때 나는 어느 회사 요금제를 사용하는 것이 더 유리한가?

과제의 소재인 핸드폰 요금은 요즘 학생들의 최고 관심사 중 하나입니다. 그래서 이 과제는 학생 간 경험을 통한 의사소통을 이끌 수 있다는 장점을 지니지요. 자신의 요금제를 반성해 보는 계기가 될 수도 있습니다. 한 가지 단점이 있다면, 실제 요금제는 이보다 복잡하다는 사실입니다. 그런데 보다 현실적인 요금제를 제시하면 일차방정식으로 표현되지 않을 가능성이 있고, 그러면 설정한 학습목표를 달성하기가 어렵게 됩니다. 또한 화폐가 고액인 우리나라 환경에서는 직선의 방정식으로 나타냈을 때 절편이나 기울기가 너무 크다는 단점도 있습니다. 하지만 적당한 정도의 축척, 예를 들어 1000원이나 10000원을 1로 취급하는 정도로 나타내면 이 단점을 극복하는 것도 가능합니다.

좋은 과제를 만들려면 질문의 문구 하나하나에도 신경을 써야 합니다. 두 회사의 요금이 같아지는 지점을 찾는 문제라면 생각을 편협하게 할 가능성이 있습니다. 특히 기울기에 따른 그래프 변화를 전혀 고려하지 않고 일차방정식을 푸는 것으로 교점을 구할 수도 있습니다. 그러나 질문을 보면 더 유리한 조건을 요구함으로써 교점 이후의 변화까지 살피게 합니다. 맥락이 계속 살아 있어야 과제에서 원하는 정확한 답을 할 수 있습니다. 문구와 조건 하나하나가 과제를 죽어

있는 것으로 만들기도 하고, 과제에 생동감을 불어넣기도 합니다. 더 유리한 조건을 찾게 하는 과제는 실제 상황에서 수식으로 넘어온 이후에 수식을 푸는 것으로 문제를 해결하고 끝내는 나쁜 습관에 빠지지 않고, 끝까지 주어진 조건과 맥락에 맞는 생각을 지속하게 하는 역할을 합니다.

학생의 경험 세계를 고려한 과제 만들기

다음 과제를 같이 살펴봅시다.

> ·군용 버스 한 대에 36명이 탈 수 있다. 1128명의 군인이 버스를 타고 훈련 장소로 이동하려면 버스 몇 대가 필요한가?

이 과제를 두고 70퍼센트의 학생이 1128을 36으로 나눔으로써 31과 나머지 12라는 계산 결과를 얻었습니다. 그런데 그중 23퍼센트만 32대라고 답했고, 29퍼센트는 계산 결과인 '31과 나머지 12'를 그대로 적어 냈습니다. 18 퍼센트의 학생은 나머지를 무시하고 31대의 버스가 필요하다고 답했습니다.

$$
\begin{array}{r}
31 \\
36 \overline{\smash{)}1128} \\
108 \\
\hline
48 \\
36 \\
\hline
12
\end{array}
$$

나눗셈을 제대로 할 줄 알면서도 왜 바른 결론을 이끌어 내지 못했을까요? 아마 '군용 버스'가 가장 결정적이었을 것입니다. 군용 버스는 학생들의 인지와 경험 세계에 있지 않거든요. 거기다 군대라는 이미지가 떠올라 다소 무서운 감정으로 이 문제를 풀었을 수도 있습니다. 빨리 답만 쓰고 넘어가고 싶었던 것이지요.

군용 버스를 관광버스나 수학여행 버스로 고치면 32대라는 정답을 도출하는 학생 수가 분명 늘어날 것입니다. 자기주도성을 높이는 김에 아예 학생회 임원 입장에서 수학여행에 필요한 관광버스를 학교 대표로서 예약하는 책임을 주고 버스 수요를 파악하라고 하면 정답률은 더욱 높아지겠지요.

학생들은 자기 현실과 맞는 과제 또는 자기주도성이 가미된 과제를 접할 때 보다 집중할 수 있습니다. 현실이 아니더라도 장래에 꼭 필요한 과제 역시 동기를 유발하여 집중하게 할 수 있습니다. 하지만 현 교과서의 과제는 대부분 학생의 현실보다 교과서 저자의 경험 세계로 구성되지요. 이를 학생에 맞게 재조직하는 것은 교사에게 맡겨진 무거운 짐 중 하나입니다. 동시에 교사만이 할 수 있는 일이기도 하고요. 과제 재조직이라는 교사의 역할을 통해 학생들은 수업에서 보다 많은 배움을 얻을 수 있을 것입니다.

Tip 교과서의 재구성

과학교사였던 성종규는 『과학교사, 교과서를 버리다』에서 교과서 재구성 시 주의 사항을 다음과 같이 정리한다.

첫째, 그 시간에 다룰 학습 주제는 큰 개념big idea을 알기 위한 소주제여야 한다. 정의를 바로 하지 말고, 아이들의 자연스러운 생각 나타내기,

토의하기 등의 과정을 통해 오히려 지식의 혼란을 주어 버리는 것이 훨씬 낫다. '왜'라는 자발적인 궁금증을 가지는 것이 아주 좋은 학습 습관이기 때문이다.

둘째, 이 단원이 다루고자 하는 내용이 큰 개념에 접근하기 위해 필요한 것인지를 판단하고, 필요하다면 교과서를 재구성한다. 그런 의미에서 교과서에 제시된 내용의 순서를 단순히 따라가지 말고, 아이들의 사고 방법을 고려하여 뒤바꾸는 것도 가능하다.

셋째, 교과서 재구성을 할 때 필요하다면 교과서에 있는 내용을 빼먹어도 좋다. 교과서에는 아이들의 필요성보다는 학문적인 입장에서 집어넣은 것이 아직도 많이 있다.

학생의 생각을 앞서가는 활동 지양하기

공약수를 지도하는 두 활동을 비교해 보세요.

12와 18의 공통인 약수를 구하시오.

· 12와 18의 약수를 구하시오.

12의 약수						
18의 약수						

· 12와 18의 약수를 모두 써 보세요.

12의 약수	
18의 약수	

공약수를 지도하는 과정은 먼저 두 수의 약수를 구한 다음 공통인 것을 찾아 공약수를 구하는 것입니다. 처음 두 수의 약수를 구하는 과정에서 12와 18의 약수를 구하는 칸을 6개씩 제공한 것은 두 수의 약수가 6개임을 알려 주는 것과 다름이 없습니다. 반면 칸을 없애고 '모두 써 보라'고 한 두 번째 활동은 자기주도적으로 약수를 구할 것을 요구합니다.

다각형의 내각의 크기의 합을 구하는 수업 활동지를 볼까요? 이 활동지에서는 다각형의 내각의 크기의 합을 구하는 방법을 크게 3가지로 설명합니다. 다음은 그중 첫 번째 활동입니다.

· 다음 그림은 사각형과 오각형 모양의 색종이의 한 꼭짓점에서 그을 수 있는 대각선을 모두 그어 사각형과 오각형을 여러 개의 삼각형으로 나눈 것이다. 다음 물음에 답하여라.

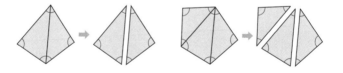

(1) 사각형과 오각형은 각각 몇 개의 삼각형으로 나누어지는가?

(2) 사각형과 오각형의 내각의 크기의 합은 각각 삼각형의 내각의 크기의 합의 몇 배인가?

이어지는 두 번째 활동은 다음과 같습니다.

· 다음 세 학생의 대화에 제시된 방법으로 문제를 해결하여라.

정빈: 칠각형의 내부에 한 점을 찍고, 그 점과 각 꼭
      짓점을 잇는 선분을 그어 보면 어떨까?

민지: 그렇게 하니까 삼각형이 7개 생기네.

소현: 이 방법에서도 삼각형의 내각의 크기의 합이 180°임을 이용하면
      되겠어.

정빈: 그런데 칠각형의 내부에 찍은 한 점에서 생기는 7개의 각의 크기
      는 칠각형의 내각의 크기의 합에 포함되지 않는다는 사실에 주의
      해야 해.

* n각형의 크기의 합을 위에 제시된 방법으로 표현해 보자.

다음은 세 번째 활동입니다.

**· 소현이는 다음과 같은 방법을 생각하였다. 소현이의 방법대로 문제를
해결하여라.**

소현: 칠각형의 한 변 위의 점과 각 꼭짓점을 잇는
      선분을 그어 보면 6개의 삼각형이 생기니까
      …….

이 교사는 수업 의도를 삼각형의 내각의 크기의 합을 이용하여 다각형의 내각의 크기의 합을 구하는 다양성에 두었습니다. 그래서 보통 교과서에 제시되는 첫 번째, 두 번째 활동에 세 번째 활동을 추가했습니다. 그리고 수업에서는 어떤 방법을 사용하더라도 결과적으로 n각형의 내각의 크기의 합은 $180° \times (n-2)$라는 식으로 일반화할 수 있다는 사실을 보여 줬습니다. 잘 짜인 수업이라고 생각할 수 있겠습니다.

그러나 다른 측면에서도 한번 바라보지요. 이 수업에서 학생은 무엇을 얻을 수 있을까요? 다양한 방법은 누가 발견한 것인가요? 활동지가 다양한 방법을 차례로 제시했습니다. 교사는 이 수업을 디자인할 때 다양성을 고려했지만 실제로 학생은 그 어떤 방법도 스스로, 자기주도적으로 구성하지 않았습니다. 그저 순서에 따라 활동지에 있는 과제를 해결해 갔을 뿐입니다. 그런 면에서 이 수업은 결론을 이끌어 내기 위한 구조화된 질문의 연속입니다. 전통적인 행동주의 교육철학의 수업에서는 정해진 학습목표를 달성하기 위해 교사가 주도하여 단계형 발문을 던집니다. 이때 던지는 발문은 대부분 폐쇄적입니다. 그래서 학생의 답변은 단답형, 즉 반응이 하나뿐인 답변일 가능성이 큽니다.

다양성을 보여 주고, 학생이 그것을 일반화하는 과정에까지 이르게 하려면 수업을 어떻게 디자인해야 할까요? 학생 스스로가 지식을 구성하게 하는 구성주의 교육철학에 입각한 수업을 진행하고자 한다면 발문이 무엇이어야 할까요? 어떻게 발문을 하면 학생이 내각의 크기의 합을 구하는 다양한 방법을 스스로 발견하여 일반화할 수 있을까요?

첫 질문으로 열린 질문을 던지는 방법을 생각할 수 있습니다. 지금처럼 다각형을 삼각형으로 쪼개도록 직접 지시하는 대신 주어진 다각형의 내각의 크기의 합을 구하는 방법을 구안해 내라고 하면 어떨까요? 학생들은 여기 나온 3가지 방법 중 일부만 발견할 수도 있고, 더 많은 방법을 발견할 수도 있겠지요. 만약 3가지 방법 중 일부를 발견하지 못한다면 교사가 나머지 방법을 제시하면 됩니다. 3가지 방법 이외의 새로운 방법을 발견한다면 교사도 새로운 방법을 더 학습하는 계기가 되겠지요. 교사만 한 학생은 없다지만 교사를 능가하는 학생도 있음을 생각하면 교사에게도 매 시간 배움이 일어날 수 있습니다.

고차원적 추론을 요구하는 과제 만들기

다음 문제를 봅시다.

• 다음 그림은 정육면체 안에 4개의 대각선을 그은 것입니다. 4개의 대각선이 만나는 한 점을 중심으로 정육면체를 쪼개면 6개의 사각뿔이 만들어집니다. 이 관계에서 밑넓이와 높이가 같은 각기둥과 각뿔의 부

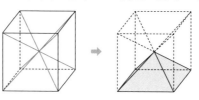

피 사이의 관계를 정확히 추론하고 그 과정을 서술해 보세요.

이 문제에는 수치가 주어지지 않았습니다. 단계형 발문도 없습니다. 수치도 단계형 발문도 없이 곧바로 기둥과 뿔의 부피 사이의 관계를 추론하도록 요구합니다. 만약 수치가 주어졌다면 두 부피 사이의 관계가 수치 계산을 통해 금세 드러날 것입니다. 그래서 관계를 추론하려면 구체적인 수치가 없어야 합니다.

틀린 문제로 학생의 발견 끌어내기

다음과 같은 문제는 회전체가 아닌 것이 포함되어 있으므로 한편에서는 틀린 문제라고 지적할 수 있지만, 회전체가 아닌 것을 주고 회전시킨 도형을 찾으라고 하는 다소 엉뚱하고 불친절한 조건을 제시한 것은 학생의 자기주도적 발견을 의도한 것이지요.

일단 이를 전형적인 친절한 문제로 바꿔 보면, "다음 물체를 회전체와 회전체가 아닌 것으로 구별하고, 회전체에 대해서는 어떤 도형을 회전시킨 것인지 찾아 그리시오."가 될 것입니다. 하지만 조건이 불친절하면 다양한 반응이 나올 수 있습니다. 학생들은 컵을 보고

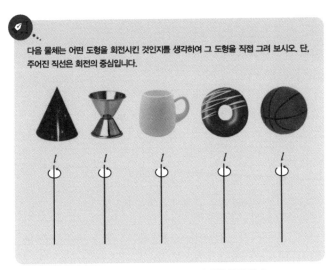

다음 물체는 어떤 도형을 회전시킨 것인지를 생각하여 그 도형을 직접 그려 보시오. 단, 주어진 직선은 회전의 중심입니다.

학생의 자기주도적 발견을 유도하기 위한 틀린 문제

"회전체가 아니기 때문에 어떤 도형인지 찾을 수 없어요", "컵의 손잡이를 떼고 회전체를 만든 다음 다시 손잡이를 붙일래요" 하고 답할 수 있습니다. 원뿔 등에 있는 무늬도 많은 논란을 일으킬 테지요. "원뿔에 그려진 그림을 생각하면 회전체가 아니에요" 하고 답하는 학생이 있을 수 있습니다. 이렇게 저마다 나름의 주관을 가지고 답하는 과정에서는 과제에 대한 반성과 활발한 의사소통이 유발되기도 합니다.

다음은 연속적인 두 문제입니다. 1번에서는 $x=-2$라는 해를 구해 이를 수직선 위에 표시할 수 있지요. 2번은 좌표평면이 필요한 문제인데 여전히 수직선만 나와 있네요. 그렇다면 학생들은 어떻게 해야 할지 생각해서 축이 하나 더 필요하다는 사실을 발견해야 합니다. 좌표평면이라는 개념을 먼저 가르치는 것이 아니라 좌표평면이 필요한 상황, 좌표평면이 없으면 안 되는 상황을 만들어서 자연스럽게 좌표평면을 도입하는 활동으로 넘어가는 것이지요.

1. 다음 수직선 위에 방정식 $2x+9=5$의 해를 표시하시오.

2. 다음 수직선 위에 방정식 $x+y=2$의 해를 표시하시오.

제3부

수학, 왜 가르치는가

교사의 정체성

제1장

지금 우리 수학교실은

왜 수업은 쉬워지지 않을까

한 교육학자는 우리나라 수업의 관행으로 성전과도 같은 교과서, 전달하는 교사상, 수동적인 학습자, 객관식 시험 등의 4가지를 꼽았습니다. 오래전부터 이어져 온 만큼 이제는 고치기도 어려운 관행입니다. 실제 우리나라 교사는 교과서의 내용을 일점일획도 빼거나 틀리지 않게 가르치려 하고, 각 교과의 지식을 전달하는 역할에 그칩니다. 학생도 수동적으로 학습하는 역할에 머물러 있지요. 그리고 평가 역시 과정을 중시하는 평가나 수행평가보다 정답을 고르는 오지선다형 객관식 시험 형태가 주를 이룹니다.

교직은 전문직이고 교사에게는 갈수록 경력이 쌓이는데 왜 수업은 쉬워지지 않을까요? 수업의 전문성은 왜 경력에 따라 성장하지 않을까요? 이런저런 의문에 대한 답은 아무래도 우리나라 수업 문화가 그렇기 때문이라는 것입니다.

수학교사에게는 당연히 수학에 대한 전문 지식이 충만해야 합니다. 그러나 이는 수학교사에게 요구되는 필요조건이지 충분조건은 아닙니다. 지식에 대한 전문성이 뛰어난 교사가 반드시 가르치기도 잘한다고 보기에는 어려운 장면이 많습니다.

우리나라 수학교사는 자기가 가르칠 내용을 열심히 준비하고 준비한 스케줄대로 학생을 끌고 갑니다. 한 시간의 진도가 있고, 주어진 분량을 그 시간에 어떻게든 소화해 내도록 학생을 내몰지요. 그래서 학생의 이해 정도보다는 진도에 맞춰 수업이 진행됩니다. 그러다 보면 학생의 학습 상태를 체크할 일은 별로 없습니다. 질문이 많아지면 진도가 늘어져서 오히려 감당하기 벅찬 상황이 벌어지니까요. 학생의 학습 상황보다 계획된 수업 진도를 우선시하는 것이 우리나라 교사의 최적화 행동입니다. 조영달은『한국 중등학교 교실수업의 이해』에서 교사들이 '시험'과 '진도 나가기'의 효율성을 위해 취하는 행동을 최적화 행동이라고 했습니다.

브루소는 극단적인 교수 현상이 일어나는 바람직하지 않은 수학 수업을 다음 4가지로 정리합니다.

첫째, 교사 위주의 일방적인 설명으로 이어지는 수업입니다. 전형적인 학원 단과반 수업 또는 인터넷 강의와 같은 형태입니다. 교사는 그날 가르칠 내용을 적절하게 준비된 각본대로 처음부터 끝까지 죽 설명합니다. 학생이 필요시에는 질문을 하기도 하지만 교사는 수업 흐름에 큰 지장이 있는 질문은 나중에 개별적으로 찾아오라는 말로 이를 무시하고 넘어가지요. 질문을 할 수 없는 수업 문화가 굳어진 교실이 많습니다. 학생 대부분은 그저 교사의 수업 내용을 들으며 때로는 노트 필기를 하다가 수업을 마칩니다. 혹시 모르는 내용이 있으면 교사를 개별적으로 찾아가거나 친구 혹은 다른 사람의 도움을 받지요.

둘째, 교사와 학생이 상호작용하는 수업이지만 진정한 상호작용은 일어나지 않는 경우입니다. 교사는 학생에게 그날 배울 개념을 설명하면서 학생 스스로 충분히 이해할 시간을 주기보다 교사가 계획하고 있는 시간 내에 학생이 이해해 주기를 바랍니다. 이런 현상이 심해지면 교사는 자기 의도에 맞는, 자기가 원하는 답을 유도하기 위해 엄청난 힌트를 제공합니다. 이를 '상호작용의 깔때기 패턴'이라고 하는데, 교사가 일련의 유도 질문을 통해 원하는 결과를 끌어내는 상황을 깔때기에 비유한 말입니다. 토파즈 효과Topaz Effect라고도 합니다. 교과서 기술 내용으로 보면 예제를 통해 문제에 대한 답을 함께 제시하거나 여백에 힌트를 주는 것을 예로 들 수 있습니다. 앞에서 언급한 단계형 발문도 여기에 속합니다. 우리나라 수학 수업에서 가장 많이 나타나는 현상이기도 합니다.

초등학교 5학년의 직사각형과 정사각형
의 둘레의 길이를 구하는 수업을 생각해 보
자. 사각형의 성질은 이전에 배웠다. 직사각
형의 둘레의 길이를 구하라는 문제에는 직
사각형의 가로와 세로의 길이만 주어진다.
어떤 학생은 이렇게 질문할 수 있다. "다른
두 변의 길이는 얼마예요?"

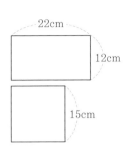

한 변의 길이만 주어진 정사각형에 대해서도 같은 질문이 나올 수 있
다. 이런 의문은 이 시간에 학생이 해결해야 할 중요한 학습목표가 된다.
지난 시간까지 배운 '사각형의 성질 중 평행사변형이나 직사각형 등은
마주 보는 변의 길이가 같다'는 개념이 필요하다. 그건 학생이 스스로 생
각해 내야만 한다. 그러나 많은 수업에서 교사는 여기까지 가르쳐 줘야
한다고 생각한다.

필자가 관찰한 수업에서 교사는 지난 시간에 배운 '직사각형의 특징'
을 말해 보라고 한다. 여러 학생이 손을 든다. 첫 번째 학생이 "네 각이
모두 90도입니다." 하고 답변하지만, 교사는 별 반응을 하지 않는다. 그
런데 두 번째 학생이 "마주 보는 변의 길이가 같습니다." 하고 답하자 정
말 중요한 발견을 했다며 정색을 한다. 여러 학생이 여전히 손을 들고 있
는데도 교사는 전혀 주의를 기울이지 않고 칠판에 노란색으로

"직사각형은 마주 보는 변의 길이가 같다!"

라고 쓴다. 그러면서 오늘 이 사실을 잘 이용해야 함을 거듭 강조한다. 아
직 손을 들고 있는 학생에게는, 다른 특징이 많지만 오늘은 이것만 이용

211

해 보자며 손을 내리게 한다.

　이 수업에 참여한 학생들은 그날 교과서에 나온 6개 문제의 정답을 모두 구했다. 사건은 다음 날 벌어졌다. 익힘책을 푸는 과정에서 문제를 해결하지 못하는 학생이 생긴 것이다. 어제는 분명 해결했던 똑같은 과제를 왜 오늘은 해결하지 못할까?

　어제의 수업 구성이 학생 스스로 해결할 수 있는 힘을 키워 주었는지 반성해 보자. 어제 학생들은 문제를 해결하는 과정에서 한 학생이 발표한 사각형의 성질을 듣고, 또 칠판에 기록된 힌트를 보았다. 그리고 그걸 그대로 이용해 문제를 해결했다. 학생 스스로 사고해 낸 것이 아니라 강력한 힌트로 제시된 내용을 그냥 이용했을 뿐이다.

　셋째, 일부 학생의 반응과 대답을 전체 학생의 대답으로 착각하는 경우입니다. 두 번째 경우와 비슷하게 교사는 학생에게 적절한 질문을 던지며 상호작용하는 방식을 취합니다. 하지만 그 질문은 학생 개인이 아니라 전체를 대상으로 합니다. 그리고 이에 반응하는 몇몇 학생의 대답을 토대로 수업을 전개하지요.

　우리나라 수학 수업에서 질문은 전체를 대상으로 하는 경우가 두드러지게 많습니다. 그것도 학생의 진술이 거의 필요 없는 '네' 혹은 '아니오' 형태의 대답을 요구하는 질문이 주를 이룬다는 사실이 많은 연구에서 나타나고 있습니다. 실제로 중학교 대수 영역 수업에서 전체를 향한 질문을 던지면 많은 학생이 반응을 보이며 적극성을 띱니다. 반면, 기하 영역 수업에서는 전체를 대상으로 하는 질문에 일부 학생만이 대답을 합니다. 교사는 나가야 할 진도를 생각하며 수업을 진행하기 때문에 잘 진전되지 않을 때는 이들 협력자 또는 자발적 기여자의 도움을 받아 무사히 수업을 마칠 수 있습니다. 하지만 대부분은 그 시간에 학습한 내용을 거의 소화하지 못하며, 이런 현상은 학생이 이후에 진행되는 수학 학습을 어렵게 느끼는 근본 원인이 됨을 많은 연구가 밝히고 있습니다.

또 수학의 특정 개념에 대해 학생과 토론하기도 어렵고 가르치기도 곤란한 경우에 교사는 마치 학생의 행동이나 반응에서 특정한 수학적 지식이 형성되었음을 확인한 듯 인정하고 지나가기도 합니다. 이때 학생의 반응이란, 사실 즉흥적이거나 사소한 대답이었을 뿐인 경우가 많다는 것이 문제입니다. 이렇게 학생의 반응을 과대평가한 경우를 조르단 효과Jourdian Effect라고 합니다.

Tip 조르단 효과

K 교사는 자신의 질문에 단 한 명이라도 정답을 말하면, 그 질문의 답을 모든 학생이 아는 것으로 간주한다. 그래서 바로 다음 질문으로 넘어간다. 종종 학생들의 답을 기다리지 않고 자신이 정답을 말하거나, 질문을 아예 생략하고 자신이 결론을 말하기도 한다. 때로는 결론조차 말하지 않고 수업을 마친다.

이런 수업 속에서 학생들의 학습은 근본적인 제약을 받는다. 우선 학생 각자가 학습의 주체로서 수업에 참여하지 못한다. 교사의 질문에 답할 수 있는 1~2명의 기여자를 제외한 나머지 학생은 질문에 대해 직접적으로 생각해 볼 기회를 갖지 못한다. 다른 학생의 대답이나 교사의 말을 자신의 결론으로 받아들일 수밖에 없다.

또한 학생 각자가 반성적으로 사고하는 경험을 하지 못한다. 학생들은 자신의 질문에 대해 직관적 추측을 하게 되고, 그 추측이 사실이라는 것을 확인할 방법을 모색한다. 추측과 다른 결과가 나올 때 처음 추측을 수정하거나 그 원인과 해결책을 모색하고 좀 더 나은 추측을 하는 가운데 반성적 사고를 하게 되고, 이를 통해 수학적 엄밀성을 학습한다. 또 직관적 추측을 통해 확인한 결과를 단순히 사실로서 받아들이는 것이 아니라 그것이 의미하는 바를 수학적으로 해석하는 가운데 수학적 안목을 형성할 수 있다. 그러나 이런 수업에서는 일어날 수 없는 일이다.

넷째, 교사가 학생의 수학 개념에 대한 이해를 돕기 위해 여러 가지 장치를 고안해서 진행하는 수업을 들 수 있습니다. 특히 각 단원의 도입에서 실생활의 맥락을 끌어오거나 구체적 조작 활동을 통해 수학 개념을 이해하도록 시도하는 수업에서 많이 볼 수 있습니다. 이때 메타인지적 이동이 일어나는 것에 주의해야 합니다.

교사의 교수학적 노력의 초점이 수학적 지식 그 자체에서 그가 만든 교수학적 고안으로 이동하는 것을 메타인지적 이동이라고 합니다. 교구 또는 장치, 그리고 다양한 활동이 수학적 학습을 일으키기보다 활동 자체에 대한 기억만 남기는 현상을 말하지요. 메타인지적 이동은 어려운 수학을 개인화하는 데는 유리하지만, 학생의 수학을 수학자의 수학과는 사뭇 다른 형태로 이끌 수 있다는 단점을 지닙니다.

평균을 처음 도입할 때 자료 전체의 합을 자료의 개수로 나누는 형식화에 이르는 과정에 많은 교과서가 높이를 맞추는 활동을 합니다.

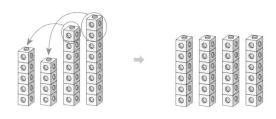

　이런 활동을 거쳐 평균을 구하는 공식을 만들게 되는데, 어떤 학생들은 높이를 가지런히 맞추는 과정에 빠져서 공식을 학습한 후에도 여전히 높이를 가지런히 맞추는 것으로 평균을 구하려고 합니다. 이런 비형식적 지식이 불필요하다는 것이 아니라 이런 과정을 거쳐 $(평균)=\dfrac{(전체의\ 합)}{(자료의\ 수)}$이라는 형식화에 이르는 것이 정상적인데, 학생의 메타인지가 형식화에 이르지 못하고 높이를 맞추는 과정에 머물고 말 수도 있다는 것입니다.

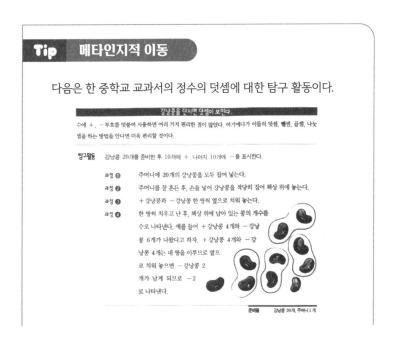

Tip **메타인지적 이동**

　다음은 한 중학교 교과서의 정수의 덧셈에 대한 탐구 활동이다.

215

정수의 덧셈을 위해 강낭콩을 이용한 후 학생의 인지가 정수의 덧셈에 대한 이해가 아니라 강낭콩의 규칙을 파악하는 데 머문다면 이는 메타인지적 이동이 일어난 것이다.

수학 관련 체험관이 마치 유행처럼 전국적으로 많이 설치되고 있는데, 여기서 자칫 체험으로만 끝내고 수평적으로 수학화하는 과정을 소홀히 하면 메타인지적 이동이 일어날 수 있습니다. 수평적 수학화가 부족하면 이후 진짜 학습이라고 할 수 있는 수직적 수학화에 이르지 못합니다. 학습에 도움을 주고자 시작한 체험 활동이지만 그 효과가 미미한 수준에 그칠 우려가 다분합니다. 리핑 마는 『초등학교 수학 이렇게 가르쳐라』에서 교구 등을 이용한 체험 활동 후에는 반드시 학생들 사이의 모둠토론을 통해서 내용을 형식화하는 수준에 이르도록 해야 한다는 점을 강조합니다. 예를 들면, 공학 도구나 교구를 가지고 사각형의 내각의 크기의 합이 360°임을 확인했다고 해서 학습이 이루어진 것은 아닙니다.

이후에 모둠토론을 거쳐 이를 증명하는 과정을 스스로 경험해야합니다. 한 대각선을 그어 사각형을 두 삼각형으로 나누거나 사각형의 내부에 한 점을 잡고 이 점과 각 꼭짓점을 이어 네 삼각형을 만드는 방법으로 사각형의 내각의 크기의 합이 360°임을 증명할 수 있어야 합니다. 이때 교사가 이를 일방적으로 설명하거나 힌트를 주는 것은 바람직하지 않습니다.

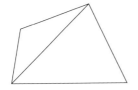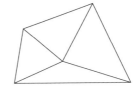

AI 디지털 교과서와 공학 도구에 대한 우려

공학 도구가 발달함에 따라 많은 수업에서 공학 도구를 적극적으로 사용하고 있습니다. AI 디지털 교과서AIDT도 유행하고 있습니다. 하지만 이에 대한 우려도 만만치 않습니다. AI 디지털 교과서를 도입했던 나라들은 초등학교나 중학교에서의 사용에 대한 금지 또는 고등학교 이후 대학교 과정에서 적극 사용하는 쪽으로 방향을 전환하고 있습니다. AI 디지털 교과서가 지필 환경의 학습보다 효과적이라는 연구는 찾아보기 어렵습니다.

알지오매스 등 공학 도구를 이용한 초등 수업을 보지요. 삼각형의 한 꼭짓점을 드래그하여 모양을 바꿔도 삼각형의 내각의 크기의 합은 180°로 같다는 사실을 눈과 공학 도구로 확인할 수 있습니다. 이로써 교사는 삼각형의 내각의 크기의 합은 항상 180°라는 내용을 훌륭하게 이해시켰다고 판단합니다. 하지만, 아이들은 자기들이 주도적으로 해 본 것이 아니라 공학 도구가 해서 보여 준 것이기 때문에 그 결과를 믿지 않을 수 있습니다. 본인의 지적 활동 결과로 확인할 수 없는 상황은 충분한 이해를 이끌기 어렵습니다.

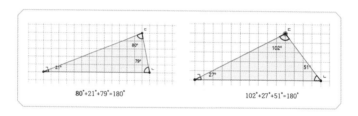

$80° + 21° + 79° = 180°$ $102° + 27° + 51° = 180°$

공학 도구는 새로운 사실에 대한 접근을 도울 뿐, 이를 통해 개념 이해까지 이끌 수는 없습니다. 공학 도구를 이용하여 학습했더라도 초등학생은 각도기를 이용하여 다양한 삼각형의 내각의 크기를 측정 하는 과정을 경험해야 합니다. 다양한 삼각형의 세 각을 잘라서 한곳에 모았을 때 일직선이 되는 것, 즉 평각이 이루어지는 것을 본인이 직접 실행하고 일반화의 경험을 해야 합니다.

중학생은 평행선의 성질을 이용하여 증명하는 과정을 거쳐야 합니다. 이 역시 공학 도구로 만들어진 콘텐츠가 아닌, 본인의 필기도구로 직접 그려서 확인하는 과정이 필요합니다.

오른쪽 그림과 같이 △ABC에서 변 BC의 연장선 위에 한 점 D를 잡고, 점 C에서 변 AB와 평행한 반직선 CE를 그으면

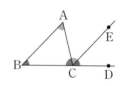

∠A=∠ACE(엇각), ∠B=∠ECD(동위각)

이므로 △ABC의 내각의 크기의 합은

∠A+∠B+∠BCA=∠ACE+∠ECD+∠BCA

=∠BCD=180°이다.

증명하지 않으면 넘어갈 수 없다

중학교 2학년 학생이 학교 수업 시간에 선생님과 함께 교과서 문제를 풀었습니다.

오른쪽 그림에서 점 O는 △ABC의 외심일 때,

∠x의 크기를 구하시오.

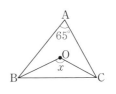

'∠BOC의 크기는 ∠BAC의 크기의 2배이다'라는 공식을 이용해서 풀었는데, 그 과정에 왜 이 성질이 성립하는지에 대한 증명은 없었습니다. 그래서 학생은 자기 힘으로 이 성질을 증명하기로 생각하고 도전했습니다.

학생의 풀이에서 첫 식은 삼각형의 외각의 성질을 두 번 이용해야 할 것을 한 번에 해서 나온 식이고, △ABC나 △OBC라는 표현은 교과서적이지는 않지만 각 삼각형의 내각의 크기의 합, 즉 180°

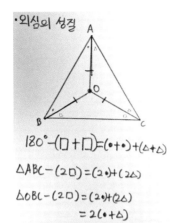

·외심의 성질

$180° - (\square + \square) = (\bullet + \bullet) + (\triangle + \triangle)$

$\triangle ABC - (2\square) = (2\bullet) + (2\triangle)$

$\triangle OBC - (2\square) = (2\bullet) + (2\triangle)$
$= 2(\bullet + \triangle)$

를 표현하는 의도로 이해할 수 있습니다. 그렇다면 이 풀이는 거칠기는 해도 중학생의 증명으로서 충분히 괜찮습니다. 시험에서는 비록 60~70점을 받더라도 본인이 증명하지 않은 공식을 이용하기를 거부하고 반드시 증명한 공식을 이용하겠다는 이 학생의 신념이 보입니다.

제2장

신념과 철학으로 하는 수업

수학교사의 정체성

우리나라 교사는 대부분 교육철학에 대한 고민이 부족한 상태에서 대학에서 배운 것만 가지고 곧바로 현장에 투입됩니다. 특히 수학교사에게는 수학교육철학에 대한 논의가 부족하지요. 다음과 같은 철학적 질문과 주제에 대해 진지한 성찰을 해 봅시다.

- 행동주의 교육철학 vs. 구성주의 교육철학
- 학문 중심 교육과정 vs. 경험 중심 교육과정
- 국가 교육과정 vs. 학교 혹은 교사 교육과정
- 교사 중심 교육과정 vs. 학생 중심 교육과정

- 역량(competency) 중심 교육과정
- 현실주의 수학교육(RME, Realistic Mathematics Education)

파머는 『가르칠 수 있는 용기』에서 교사가 가져야 할 교육에 대한 진정한 질문 4가지를 제시합니다. 가장 먼저 '무엇을 가르칠 것인가'라는 질문입니다. 우리는 어떤 내용을 가르칠 것인가를 우선적으로 고려해야 합니다. 불행하게도 한국에서 이 질문은 별로 필요가 없습니다. 국가 수준 교육과정의 지배를 받고, 수능과 같은 표준화된 평가 제도의 영향을 오랫동안 받은 탓에 우리가 가르칠 내용은 거의 정해져 있거든요.

가르칠 내용이 정해지면 그다음에는 '어떻게 가르칠 것인가'라는 질문이 따라 나옵니다. 지금 정해진 수학 내용을 잘 가르치려면 어떤 교수법을 사용해야 할지 고려해야 합니다.

가르칠 내용과 방법에 대한 논의의 단계가 더 깊어지면, 그것을 '왜 가르치는가'라는 질문이 제기됩니다. 어떤 목적, 어떤 목표를 달성하기 위해 가르치는지 고민해야 합니다. 이것은 실제 수학 수업에서 많은 학생이 하는 질문입니다. 교사가 이 질문에 설득력 있게 답하지 못하면 학생들에게 안 그래도 어렵고 싫은 과목인 수학을 공부하지 않아도 되는 명분을 제공할 우려가 있습니다.

마지막으로 '나는 누구인가'라는 질문입니다. 그런데 우리는 이 질문을 거의 하지 않습니다. 수학을 가르치는 사람, 즉 수학교사는 누구인가요? 교사의 자아의식은 교사가 학생, 학문, 세상과 연결되는 방식에 어떤 영향을 미칠까요? 교육 제도와 교육과정은 어떻게 하면 훌륭한 가르침의 원천인 교사의 자아의식을 유지하고 발전시킬 수 있을까요?

수학교사로서 정체성이 부족하다는 사실은 우리 수학교육의 큰 문제입니다. 필자는 현직에 있던 초기 20여 년 동안 수학교사로서의 정체성을 찾기가 어려웠습니다. 대입 전형을 비롯한 여러 가지 제도가 교육과정의 정상적인 운영을 방해하는 상황을 극복할 힘이 부족했습니다. 그러나 이후 10년간은 정체성을 회복할 수 있었습니다. 수학교사의 정체성은 학생들이 수학을 통해 세상을 살아가는 안목과 지혜를 기르도록 돕는 데서 확립됩니다. 아직 미숙한 학생의 수리적 능력을 키워 주는 것이 수학교사의 정체성입니다. 그러는 가운데 상급 학교 진학 문제를 해결하는 고리를 찾는 지혜가 한국 수학교사에게는 필요합니다.

파머는 2000년 당시 미국의 상황에서 이런 고민을 했습니다. 미국에는 국가 수준의 교육과정이 없습니다. 교과서도 자유발행제 아래서 제작되어 운영되지요. 2010년 국가 수준의 통제력을 강화한 공통핵심교육과정ccss이 제정되기 이전에는 단지 국가 수준에서 표준안을 제시하고 각 주마다 좀 더 구체적인 교육과정을 마련하는 방식이었습니다. 미국의 수학교사는 각자 나름의 교육과정을 구성했지요.

그런데 우리나라는 경우가 다릅니다. 국가 수준에서 교육과정을 규정하고 있으며, 모든 교과서가 이 규정에 따라 집필됩니다. 다루는 내용이 천편일률적으로 똑같지요. 따라서 수업 시간에 교사가 무엇을 가르칠 것인가 하는 첫 번째 고민을 할 필요가 없습니다. 바꾸어 말하면 우리나라 수학교사는 오늘 무엇을 가르칠지 고민할 필요를 느끼지 못합니다. 현장의 교사에게 자기 나름의 교육과정 구성 권한이 있지만 뭔가 색다른 것을 가르치려면 상급 학교 진학을 위한 내신 성적을 일률적으로 산출해야 하는 제도 등을 뛰어넘는 힘이 있어야만 합니다.

흔들리지 않는 신념이 필요하다

수업의 변화를 위해서는 무엇보다 교사의 내면이 바로 서 있어야 합니다. 수업의 근본적인 변화는 '겉'이 아니라 '속'에서부터 시작되기에, 수업 속 신념을 살피는 일은 그 무엇보다 중요합니다. 나만의 수업 정체성을 확립하고, 어떤 상황에도 흔들리지 않는 견고한 교육철학을 가지고 있어야 합니다.

> **Tip** **배움 중심 수업이 무너지는 순간**
>
> 교사가 모든 것을 가르쳐 주는 주입식 수업에 익숙한 학생들은 자료를 스스로 조사하고 발표하는 활동을 어렵고 귀찮아한다. 국어교사인 김미경도 『중학교 국어 수업 어떻게 할 것인가?』에서 주시경에 대한 모둠토의 수업을 진행했다가 몇몇 학생이 투덜대는 소리를 들었음을 밝힌다.

직접 설명해 주지 않고 스스로 찾으라고 하니 힘들고 귀찮다고 했다. 그냥 학습 내용을 정리한 자료를 주고 요점만 정확히 설명하면 중간고사나 기말고사 대비가 되는데, 왜 힘든 일을 해야 하느냐고 반발했다. 자기 주도의 효과는 그 무엇에 비할 수 없다는 걸 잘 알고 있는 교사라도 자기 주도학습에 대한 신념이 부족하면 학생이 이런 식으로 거부할 때 다시 강의식 수업으로 돌아간다. 배움 중심 수업이 무너지지 않으려면 강한 신념이 있어야 한다.

다음 물음에 답해 봅시다.

- 수업이 어디로 향하고 있는가?
- 수업 속에서도 흔들리지 않는 강한 신념이 있는가?
- 수업이 학생들의 삶을 변화시킨다는 신념이 있는가?
- 배움이 있는 수업이 수학적으로 유능한 학생을 만들 수 있다는 신념이 있는가?

수업에 대한 신념과 철학이 흔들리면 학생들은 혼란을 겪습니다. 한 시간의 수업 내에서도 수업 전반과 후반의 철학적 흐름이 다르면 학생들은 헷갈릴 수밖에 없지요. 학기 초와 학기 중간, 그리고 학기 후반으로 가면서 수업 철학이 달라지면 학생들은 종잡을 수 없습니다. 수업이 흔들리는 이유 중 하나는 수업 철학이 확고하지 않은 상태에서 다른 교사의 수업 방법만을 벤치마킹했기 때문입니다. 급박하게 돌아가는 수업에서 매 순간 흔들리지 않고 일관된 철학을 유지하려면 수업에 대한 신념과 철학을 먼저 굳게 다져야 합니다. 목표 달성 중심의 행동주의 교육철학이 아닌 배움 중심의 구성주의 교육철학을 보다 명확히 견지한 상태에서 수업을 구상하고 진행해야 합니다.

Tip **흔들리는 수업**

A 교사는 학생들의 모둠 활동을 통한 배움 중심 수업을 진행하고 있었다. 모둠별로 활발한 토의로 얻어 낸 결론을 모둠칠판에 기록하고 전체적으로 공유했다. 각 모둠의 기록은 비슷한 것도 있었지만 저마다 서로 다른 결론을 내고 있었다. 모둠에서는 각각 발표자를 정하고 있었다.

그런데 교사는 모둠 발표를 시키지 않고 혼자서 각 모둠의 기록에서 찾은 유사점과 차이점만을 정리한 다음 수업을 마쳤다. 학생들의 발표 준비가 허사로 돌아가는 순간이었다. 학생 중에는 다른 모둠의 발표 내용에 궁금한 점이 있어 질문을 준비하고 있는 학생이 있었고, 자기 모둠의 결론에 대해 선생님이 정리한 내용에 설명을 추가하려고 생각한 학생도 있었지만, 이들은 기회조차 얻지 못했다.

수업의 전반부는 학생의 배움 중심 수업, 후반부는 교사의 설명 중심 수업으로 이뤄져 흔들리는 수업 철학이 드러난 수업이었다.

수업의 건전한 사회 문화 조성하기

과제의 특성이나 교사의 역할에 비해 수학 수업의 사회 문화적 측면에 대한 인식과 중요성은 간과된 면이 많습니다. 학생이 자기주도적으로 수학 개념을 구성해 나가며 진정하게 이해하도록 배려하는 수학 수업에서는 사회 문화적 조건이 매우 중요합니다. 모둠 활동에서 다른 친구를 배려하고 서로 협력하여 토론하고 결론을 만들어 내는 과정에는 충분한 안내와 연습이 필요합니다.

학기 초 첫 달에 꼭 해야 할 일이 있습니다. 수학 학습이나 수업에 대해 설명하고, 대략적인 진도를 안내합니다. 예습이나 복습에 대한 강조도 합니다. 숙제의 목적과 역할에 대해서도 알려 주어야 합니다. 무엇보다 첫날은 수학교사의 수학에 대한 신념을 전달할 수 있는 날입니다. 수학의 중요성 혹은 인생에서 수학의 필요성 등을 어필하는 것도 첫 시간에 해야 할 일이지요.

수업의 건전한 사회 문화는 여러 가지 장점을 지닙니다. 수학 수업에 건전한 사회 문화가 형성되면 수학 탐구 활동을 위한 협력이 촉진됩니다. 집단을 이뤄 학습하면 상당한 양의 의사소통이 오가게 되지요. 어떤 의견에 동의하거나 어떤 의견을 추측 또는 주장하고, 해결 방법을 제안하거나 해결 방법의 적절성 또는 정확성에 관해 토론하는 등의 활동을 통해서요. 또한 서로 간 의사소통을 통해 정보와 해결 방법을 공유하면서 자신의 사고를 확장하고 진정한 이해의 토대를 만들어 나갑니다. 의사소통을 통해 문제 해결의 다양한 방법을 논의하고 각 방법의 장점을 비교하며 문제의 다른 측면에 주목하게 됨으로써 학생들은 새로운 각도에서 문제를 바라보며 자신의 사고를 향상시키고 문제를 더 잘 이해할 수 있게 됩니다.

　건전한 사회 문화가 그 장점을 발휘하도록 교사와 학생은 기본 토대가 되는 다음의 규범을 형성해 나가기 위해 노력해야 합니다.

　첫째, 문제 해결 방법과 아이디어에 대해 자유롭게 토론하며 경청할 수 있는 민주적 토론 문화를 조성해야 합니다. 학생 사이의 상호작용은 문제 해결 방법에 대한 것이어야 합니다. 이를 통해 다른 사람의 아이디어와 해결 방법을 주의 깊게 살펴보는 것이 그들과 그들의 아이디어를 존중하는 가장 좋은 방법임을 배울 수 있어야 합니다. 또한 이로써 바람직한 사회적 상호작용의 기초를 마련할 수 있습니다.

　둘째, 학생이 스스로 문제 해결 방법을 찾고 나아가 다른 학생과 공유하는 문화를 조성해야 합니다. 자신의 해결 방법을 이해하고 다른 학생의 이해를 도와야 한다는 사실을 인식하게 해야 하지요. 혼자 문제 해결 방법을 잘 사용하는 것에서 자신의 책임이 끝나지 않음을 알려 주고, 자신의 해결 방법을 기술하고 설명함으로써 다른 학생의 이해를 도울 수 있도록 지도해야 합니다. 이를 위해 다른 학생에게 배우고, 다른 학생의 아이디어와 문제 해결 활동 과정에서 장점을 취할 때 자율성과 동시에 책임이 필요함을 강조해야 합니다.

　셋째, 학습 과정에서 발생하는 실수를 부정적으로만 생각하여 실수를 막는 행동을 하지 말아야 합니다. 실수를 통해 배운 내용을 요약하고 다시 한번 확인함으로써 실수로부터 어떻게 배울 수 있는지 설명해 주는 과정이 꼭 필요합니다. 필자는 학생들이 수업에서 실수하기만을 바랍니다. 학생의 실수는 아이디어 뱅크입니다. 실수하지 않는 학생은 문제 해결 과정을 암기하고 반복 연습만 하는 것이므로 전혀 새로운 아이디어를 생각하지 않습니다. 새로운 것을 시도하는 학생은 많은 실수를 하게 마련이지만, 새로운 시도 속에서는 수많은 아이디어를 얻을 수 있습니다.

건전한 사회 문화를 기반으로 해결 방법과 결과의 옳고 그름을 교사나 공부 잘하는 일부 학생의 권위가 아닌 수학적 논리에 따라 판단하도록 판단 기준을 교사와 학생이 함께 합의하여 정해 나갈 때, 진정한 수학 수업을 위한 사회 문화적 조건이 조성될 수 있으며 이를 통해 수학교육의 목표인 이해하는 수학 수업이 가능해질 것입니다.

세상의 인간관계란 어떤 것도 쉬운 법이 없지만, 수업 속에서 학생들과 대화하고 관계를 맺는 일은 그 어떤 관계보다 복잡하고 어렵기만 합니다. 친구 같은 교사가 되어 잘해 주려고 하면 학생들은 도를 넘어 교사의 권위에 도전해 오기 일쑤고, 반대로 엄격하게 대하자니 이 또한 숱한 부작용을 불러일으킵니다. 교사는 복잡하고도 미묘한 수업 속에서 학생과의 관계를 어떻게 형성하고 유지해야 할까요?

수업 속에서 교사와 학생, 학생과 학생이 서로 대화하며 들어 주는 관계가 이루어지지 않으면 그 어떤 훌륭한 수업 내용과 교수법도 아무런 소용이 없을 것입니다. 학생들의 이야기를 듣고 함께 나누는 수업 속 대화는 우리의 수업을 진정한 배움의 장으로 한 걸음 다가서게 해 줄 것입니다. 여러분의 수업에는 어떤 사회 문화가 형성되어 있나요?

- 수업 속에서 학생들을 일관된 철학으로 대하는가?
- 수업 속에 명확한 규칙이 작동하는가?
- 수업 속에 충분한 존중의 관계가 유지되는가?
- 학생들이 대화에 참여할 여백이 있는가?
- 학생들의 말을 기다려 주고, 들어 주고, 공감해 주는가?
- 수업 속에서 학생들의 생각이 서로 잘 연결되는가?

실수는 아이디어 뱅크

학생들은 고등학교 1학년이 되면 4월쯤 다항식의 나눗셈을 배웁니다. 필자는 삼차식 x^3-2x+7을 이차식 x^2+1로 나눈 몫과 나머지를 구하는 과제를 제시했습니다. 이런 문제는 흔하지만, 이 문제는 정형적이지 않습니다. 보통은 몫으로 나오는 일차식이 x와 같이 상수항이 없는 간단한 일차식입니다. 상위권 학생은 오른쪽과 같이 풀

$$
\begin{array}{r}
x \phantom{{}-2x+7} \\
x^2+1\overline{)\,x^3-2x+7} \\
\underline{x^3+\ x} \\
-3x+7
\end{array}
$$

지만 중위권 학생들에게서는 아래와 같은 풀이가 나옵니다. 교사가 일방적으로 풀이해 주지 않고 기다리면 다음과 같이 나눗셈을 한 번 더 하는 학생을 발견할 수 있습니다. 한 번 더 나눗셈을 하면 몫은 $x-\dfrac{3}{x}$, 나머지는 $7+\dfrac{3}{x}$이

$$
\begin{array}{r}
x-\dfrac{3}{x} \\
x^2+1\overline{)\,x^3-2x+7} \\
\underline{x^3+\ x} \\
-3x+7 \\
\underline{-3x-\dfrac{3}{x}} \\
7+\dfrac{3}{x}
\end{array}
$$

됩니다. 이 풀이를 보는 순간 필자는 눈이 번쩍 뜨였습니다. 적당한 기회를 잡은 것이었습니다.

우선 실수를 한 학생의 풀이가 잘못되었다는 사실을 본인은 물론 전체 학생이 눈치채지 못하게 표정 관리를 했습니다. 실수한 학생이 받을 상처를 고려한 것이었습니다. 이 실수를 두고 학급에서 토론이 이루어지는 동안 많은 논란이 오가고 엄청난 학습이 일어난다면 실수를 유발한 학생은 학급의 토론에 기여한 보상을 받을 수 있습니다. 실수로 인한 상처보다 실수가 유발한 엄청난 학습량을 확실하게 인식시키기 위해 이 실수를 토론에 부쳤습니다.

필자도 이 학생의 풀이에 충격을 받았습니다. 여태껏 이런 풀이를 본 적이 없었습니다. 하지만 이런 풀이가 있으면 다항식의 나눗셈에 관한 이론을 단번에 정리할 수 있겠다는 판단이 섰습니다. 자연수의 나눗셈에서 나머지가 나누는 수보다 작아지면 더 나누지 않고 그 남은 수를 나머지라고 한다는 것과 다항식에서 나머지가 나누는 식보다 차수가 작아지면 더 나누지 않는다는 사실을 연결할 기회를 얻은 것입니다. 자연수의 나눗셈에서 계속 나누면 몫이 자연수가 아닌 소수점 이하의 수가 나오듯이 다항식에서도 계속 나누면 몫이 다항식이 아닌 유리식이 나온다는 사실을 비교하여 연결할 수 있었습니다.

이 풀이에 대한 토론을 통해 학생들은 다항식의 나눗셈에서의 규칙과 자연수의 나눗셈에서의 규칙을 저절로 비교하게 되었고, 다항식과 유리식의 차이점에 대해서도 토론하는 기회를 갖게 되었습니다. 결국 이 실수는 모두가 승리하는 수업으로 이어졌습니다. 필자 스스로도 그런 수업을 할 아이디어를 갖고 있지 않았지만 학생의 실수를 통해 더 잘 가르칠 수 있는 좋은 기회를 얻었습니다. 순전히 실수를 만들어 낸 학생의 창의적인 아이디어 덕이었지요.

수업에서 필자는 첫 번째 풀이와 같이 정답을 낸 상위권 학생에게 두 번째 풀이에 대한 이의를 제기해 보도록 요청했습니다. 상위권 학생의 흔들리는 모습을 발견했기 때문이었지요. 놀라고 당황한 모습이 역력했습니다. 아니나 다를까 학생들은 자기들의 모범적 풀이에 대항하는 중위권 학생의 풀이를 보고 그 잘못을 지적하지 못했습니다. 결과적으로 실수에서 나온 풀이는 상위권 학생에게는 그 이유를 말하지 못하는 엄청난 충격을 주었고, 중위권 학생에게는 의욕을 불러일으키는 계기가 되었습니다.

나눗셈을 이해한다는 것은 단순히 나눗셈을 하여 몫과 나머지를 구하는 데 성공하는 것만을 뜻하지 않습니다. 나눗셈을 정의한 맥락과 그 상황에서 생각해야 하는 여러 조건 사이의 관계를 자세하고 정확하게 설명할 수 있어야 합니다.

자연수의 나눗셈에서 몫과 나머지가 자연수의 범위에서 계산된 것처럼 다항식의 나눗셈에서도 몫과 나머지가 다항식의 범위에서 구해져야 한다는 개념을 연결하여 깨닫는 기회였습니다. 자연수의 나눗셈에서 몫과 나머지를 소수까지 구하지 않듯이 다항식의 나눗셈에서도 몫과 나머지를 유리식까지 구하지 않는 한계를 정한 이유를 추

고등학교 1학년	초등학교 3학년

$$2x + 4 \leftarrow \text{몫}$$
$$x^2-2x+1\overline{)2x^3\qquad+5x+4}$$
$$\underline{2x^3-4x^2+2x}$$
$$4x^2+3x+4$$
$$\underline{4x^2-8x+4}$$
$$\text{나머지} \longrightarrow 11x$$

$$31 \leftarrow \text{몫}$$
$$12\overline{)376}$$
$$\underline{36}$$
$$16$$
$$\underline{12}$$
$$4 \leftarrow \text{나머지}$$

고등학교 1학년	초등학교 3학년
다항식 A를 다항식 B(B≠0)로 나누었을 때의 몫을 Q, 나머지를 R라 하면 A=BQ+R 와 같이 나타낼 수 있다. 이때 R의 차수는 B의 차수보다 낮다. 특히 R=0이면 A는 B로 나누어떨어진다고 한다.	376을 12로 나누면 몫은 31이고 4가 남는다. 이때 4를 376÷12의 나머지라고 하며 376=12×31+4 와 같이 나타낼 수 있고 나머지는 나누는 수보다 항상 작다. 특히 나머지가 0일 때, 나누어떨어진다고 한다.

론하게 해 주었지요.

실수는 아이디어 뱅크입니다. 한 학생의 창의적인 실수는 학급 전체를 깨웁니다. 모범적인 상위권 학생이나, 선행학습으로 내용을 암기하고 온 학생에게 이런 실수는 엄청난 충격을 줍니다. 이때 교사는 이 실수를 다스릴 수 있어야 합니다. 실수를 기다려서 그것을 기회로 삼으려는 자세를 갖춰야 합니다. 실수로 인해 오개념을 바로잡을 수 있고 이해를 더욱 확고하게 다질 수도 있습니다.

실수에 대한 긍정적인 생각은 2022 개정 교육과정 교수·학습 방법 (나)항에서도 강조됩니다.

(나) 학생들이 수학 학습에 주도적으로 참여하는 교수·학습 환경과 분위기를 조성한다.

① 수학 학습의 주체가 학생 자신임을 인식하고 수학 학습에 적극적으로 참여하도록 유도한다.

② 스스로 수학 학습목표와 계획을 세우고 학습 결과를 평가하고 성찰하도록 안내한다.

③ 수학을 효과적으로 학습하는 방법을 탐색하고 자신의 학습 과정과 태도를 돌아보고 조절하는 자기주도적 학습 습관을 형성하도록 지도한다.

④ 교사 및 동료와 협력적 관계 속에서 수학 학습에 대한 조언과 의견을 경청하고 수용할 수 있도록 허용적인 분위기를 조성한다.

⑤ 수학 학습에 자신감을 가지고 실수가 배움의 기회임을 인식하며 끈기 있게 도전하도록 격려하고 지원한다.

학습 과정에서 실수를 긍정적으로 허용한다는 생각은 쉽지는 않지만 정말 중요합니다. 실수가 발생했을 때는 실수를 통하여 배운 내용을 설명하고 요약하는 기회를 제공해야 합니다. 반대로 실수하지 않는 학생은 암기 위주의 학습자일 가능성이 큰 만큼 발전을 기대하기가 어렵습니다. 이런 학생들은 암기를 반복 연습할 뿐 전혀 새로운 아이디어는 내지 못할 수 있습니다. 기억력으로 성적을 낼 뿐이므로 이런 학생이 수학을 좋아할 것이라는 기대는 하지 않는 것이 좋습니다.

NCTM STANDARDS(미국 교육과정, 2000)도 학생의 오류는 '막다른 길'이 아닌 '잠재력이 있는 또 다른 학습의 진입로'이며, 교사들이 오류를 통하여 학생들의 개념적 사고를 이해하고, 오류를 새로운 학습의 발판으로 활용해야 한다고 말합니다.

중등교사가 반드시 초등 교과서를 봐야 하는 이유

국가 수준의 교육과정은 교과서로 나타납니다. 그러니 수학교사는 수학교과서를 보기 전에 국가 수준의 교육과정을 봐야 하며, 이를 구현한 수학교과서를 교육과정 측면에서 바라볼 수 있어야 합니다. 수학교사가 새로운 교육과정을 개인적으로 공부하고 대비하는 일은 쉽지 않습니다. 교내의 다른 수학교사와 협력하여 나름대로 새로운 교육과정을 공부해야만 하지요. 필자도 교직 초기에는 교육과정의 존재 자체를 몰랐음을 자백합니다.

시간이 허락하는 범위에서 우선 자기가 가르치는 학년의 교과서 내용 전체를 훑어봐야 합니다. 그러고 나서 다른 학년의 책도 살핍니다. 그런 다음 하급 학교 교과서를 봅니다. 즉, 중학교 교사는 초등학교 교과서를, 고등학교 교사는 중학교 교과서를 틈나는 대로 읽어 보며, 자기가 가르치는 학년의 내용과 연관된 부분을 찾아 그 위계를 파악해야 합니다. 실제로 초등학교 수학 개념은 중학교 교사가 상상하는 것과 전혀 다릅니다. 이를 알아야 중학생에게 어떤 식으로 초등학교 수학 개념을 연결하여 중학교의 새로운 개념을 설명할지 판단할 수 있습니다.

그런데 중학교 수학교사는 초등학교 수학을 가르쳐 본 경험이 없으므로 개념적인 이해가 어려울 것으로 생각하는 것이 맞습니다. 대학에서 수학교육을 전공했다고 해서 초등학교 수학을 안다고 할 수 없습니다. 예를 들어 중학교 유리수의 나눗셈은 초등 분수의 나눗셈과 비교할 때 음수가 추가되는 것만 다른데, 중학교에서는

$$\left(-\frac{3}{4}\right)\div\left(-\frac{2}{3}\right)=\left(-\frac{3}{4}\right)\times\left(-\frac{3}{2}\right)=+\frac{9}{8}$$

와 같이 절차적인 방법으로만 학습하기 때문에 분수의 나눗셈의 개념적인 방법을 안다고 말하기는 어렵습니다. 초등에서 분수의 나눗셈의 개념적인 방법은 통분을 이용하는 것입니다.

$$\frac{3}{4}\div\frac{2}{3}=\frac{3\times3}{4\times3}\div\frac{2\times4}{3\times4}=\frac{9}{12}\div\frac{8}{12}=\frac{9}{8}$$

분수의 나눗셈은 수를 뒤집어서 곱하는 방법 말고 통분만으로 간단하게 해결할 수 있습니다. 왜 중등 선생님들은 나누는 수의 역수를 곱하는 방법만 알고 있을까요? 수학교사도 어려서 배운 대로 역수를 곱하는 절차적인 방법만 기억하고 있기 때문일 것입니다. 모든 수학은 개념적인 방법과 절차적인 방법을 동시에 알려 주지만, 학생들은 쓰기에 편한 절차적인 방법을 자주 사용하게 됩니다. 절차적인 학습이 증가하면 개념적인 학습은 도태되고 맙니다.

사교육 선행학습에서 초등 분수의 나눗셈을 분자와 분모를 바꾸어 곱하는 방식으로만 학습한 중학교 1학년 학생이 우연한 기회에 통분으로 분수의 나눗셈을 해결하는 방법을 보고 놀랐다고 했습니

다. 그리고 그런 수학이 재미있다고 말했습니다. 이 학생은 그동안 왜 분수의 나눗셈을 할 때 역수를 곱하는지를 개념적으로 이해하지 못해서 계산을 하면서도 정서적인 거부감이 있었다고 했습니다. 앞으로 분수의 나눗셈을 할 때 역수를 곱하는 방법 말고 통분하는 방법도 사용하겠다는 결심을 보였습니다.

Tip 개념적인 학습은 공부해야 할 이유를 깨우쳐 준다

"수학을 왜 배워요?", "수학을 배워서 어디에 써먹어요?" 등을 질문하는 학생은 분명 수학에 부정적인 인식을 갖고 있을 것이다. 보통 이런 학생은 수학 성적이 낮을 것으로 추측하는데, 실은 최상위권 학생도 종종 이런 질문을 한다. 이런 의문은 성적에 관계없이 자기주도성을 갖지 못한 학생에게 주로 일어나며, 선행학습이 성행하는 우리나라에서 공부하는 학생들에게는 특히 자주 일어난다.

최대공약수를 학습하는 개념적인 방법은 두 수의 약수를 모두 구해서 공약수를 찾은 다음, 공약수 중 가장 큰 수를 찾는 것이다. 그런데 이런 개념적인 방법이 아닌, 두 수를 공통으로 나누는 방법이나 소인수분해하여 곱셈으로 나타내는 절차적인 방법으로 최대공약수를 학습하면, 최대공약수를 구할 수는 있어도 그것이 왜 최대공약수인지 설명하기는 어려울 수 있다. 이와 같이 자신의 풀이가 왜 그런지를 논리적으로 설명할 수 없는 학생은 수학을 좋아하는 것도 아니고, 수학을 잘하는 것도 아니다. 수학에 자신감이 없으면 수학을 공부해야 할 내적 동기가 생길 수 없다. 단지 상급 학교 진학 등의 외적인 동기만이 수학 공부를 지탱하고 있으니 이 얼마나 위태위태한 상황인가?

반면, 시간이 다소 걸리더라도 최대공약수를 개념적으로 학습한 학생은 약수→공통인 약수→가장 큰 공약수를 구하는 과정을 거쳤으므로 그게 왜 최대공약수인지 설명하는 것이 어렵지 않다. 수학에 대한 자신감도 클 것이다. 자신감이 없는 공부는 사상누각에 불과하다.

중학교 수학교사들의 연수에서 일차함수의 기울기의 정의를 물었더니 한결같이 기울기를 구하는 공식인 $\dfrac{y의\ 값의\ 증가량}{x의\ 값의\ 증가량}$이라고 답했습니다. 교과서를 보여 줬습니다. 교과서에 기울기의 정의가 나오는데 수학교사들마저 왜 공식을 정의로 착각하고 있을까요? 그 이유는 기울기가 비율의 개념이고, 비율은 초등학교 수학에서 다루기 때문에 기울기의 정의, 즉 x의 값의 증가량에 대한 y의 값의 증가량의 비율이라는 말의 뜻을 받아들이지 못한 탓입니다. 초등학교 수학의 많은 개념은 모두 중등 수학의 기초 개념으로 연결됩니다. 중등 수학교사들이 수학을 전공했어도 초등 수학교육의 내용에 대한 이해가 부족한 상태에서는 학생들 지도에 난항을 겪으리라는 것을 충분히 예상할 수 있습니다.

따라서 중등 수학교사는 초등 수학교육과정과 그에 따른 교과서를 반드시 공부해야 합니다. 하지만 교과서를 보는 것보다는 원초적으로 교육과정을 개관하는 것이 바람직합니다. 교과서는 교육과정을 풀어 쓴 것이므로 교과서 존재 근거인 교육과정을 보는 것이 내용을 정확하게 파악하는 데 도움이 됩니다. 교육과정은 학년별, 영역별로 내용이 구성되어 있어서 위계를 찾기가 쉽습니다.

학생이 교사의 한계를 뛰어넘도록 돕는 수업

많은 교육 현장에서 일방적인 가르침이 성행합니다. 가르치는 사람의 수준과 학습 속도에 맞춘 수업이 이루어지지요. 교육은 배우려는 학생이 존재하기 때문에 시작된 것이지, 가르치려는 사람 때문에 생긴 것이 아닙니다.

많은 교사가 학생이 스스로 학습하는 것을 기다리지 못하고 일방적으로 가르치는 현상을 정당화하는 논리로 '진도'를 내세웁니다. 가르쳐야 할 교육과정 내용이 일방적으로 주입해야만 겨우 마칠 수 있을 정도로 많다는 것입니다. 이는 비단 수학과에 국한된 얘기는 아니고 역사나 사회 등 전 과목에서 벌어지고 있는 현상입니다.

교사들은 거기에 갇혀 학생을 기다려 주지 못하는 데 대한 죄책감을 느끼면서도, 이런 교육과정의 한계에서 벗어나려 하지 않습니다. 교육의 목표는 교육과정의 성취기준에 학생이 도달하게 하는 것입니다. 학생은 꼭 교사의 직접적인 가르침을 통해서만 지식과 사고력을 습득하는 것이 아닙니다. 스스로 잘 습득할 수 있도록 교사가 적당히 도움만 줘도 학생들은 보다 수월하게 교육 목표에 도달할 수 있습니다. 이를 믿지 못하면 교육은 이뤄질 수 없겠지요.

교육의 질은 교사의 질을 벗어나지 못한다는 말을 오해하는 경우도 많습니다. 이 말이 학생의 지식수준은 교사의 지식수준을 벗어날 수 없다는 말로 곡해되기도 합니다. 그렇다면 이것이 일방적 주입식 수업 아닌가요? 필자는 교직에 들어와 20년간 일방적으로 가르쳐 본 경험이 있습니다. 수업 시간에 알고 있는 최선의 지식을 전수하려 노력했습니다. 그 결과, 수업에서 가르친 내용은 필자의 머릿속에 있는 것이 전부였습니다. 그 이상의 것은 없었습니다. 불행히 필자의 지식은 알량하기 그지없었는데도 말입니다.

교사는 지식에 대한 책임에서 벗어나야 합니다. 아니, 오히려 학생이 교사의 지식의 한계를 뛰어넘도록 도와야 합니다. 이를 위해 교사는 학생을 직접 가르치는 데 아까운 수업 시간을 사용하기보다 학생에 대해 좀 더 고민하고 탐구하고, 때로는 학생과 협력하여 집단지성이 발휘되도록 하는 데 집중해야 합니다.

수업 전 학습목표에 맞는 과제를 만들고, 그 과제에 예상되는 반응을 정리하고, 그에 따른 처리 방법을 마련해 놓는 것이 수업에 대한 준비입니다. 수업을 진행하다 보면 학생들이 예상한 대로 반응하지 않기도 하고 돌발 반응이 일어나기도 하는데, 그렇다면 사전에 준비한 대로 진행할 것인지 아니면 수업 계획에 수정을 가해야 하는지, 학생의 협력이 일어나지 않으면 강의를 일방적으로 끌어갈 것인지 등 사전에 구상하고 계획할 것이 무척이나 많습니다. 스스로 해내도록 도와주는 것만으로도 수업 시간이 모자랄 판인데, 그 복잡한 지식을 일방적으로 가르치는 데 시간을 다 보낼 수는 없는 일입니다.

우리는 수학을 왜 가르치는가?

많은 연수를 통해 필자가 배운 것은 수업은 철학으로 한다는 것입니다. 수업을 하는 데, 즉 학생에게 수학을 가르치는 데는 교사의 지식이나 수학적 능력에 앞서 수학교사의 신념과 철학이 우선한다는 것을 깨달았습니다. 교사 중심의 주입식 수업을 학생 주도의 참여 중심 수업으로 바꾸려면 교수법을 익힐 일이 아니라 철저한 구성주의 교육철학자가 되어야 합니다.

모둠 활동을 하다가 아이들의 참여가 잘 일어나지 않으면 어떻게 할지 고민하다가 다시 일방적인 강의식 수업으로 돌아가게 됩니다. 초임 교사 시절에는 대학에서 배운 대로 다양한 수업 방법을 취해 보지만, 몇 년이 안 되어 지치고 맙니다. 학생들은 교사의 생각대로 움직이지 않습니다. 모둠 활동이 어려운 것은 학생들이 그런 훈련을 받지 못한 탓이므로 학기 초부터 꾸준히 시도해야 몇 달 지나서라도 모둠 활동을 활발하게 할 수 있습니다.

구성주의 교육철학을 확실하게 견지한 교사는 어떤 상황에서도 학생 참여 중심의 수업을 포기하지 않습니다. 일방적인 주입식 강의는 생각하는 것만으로도 소름이 끼칩니다. 왜 가르치는가에 대한 고민은 끝이 없지만, 철학적인 고민이 확실하면 주저할 것이 없습니다.

학생이 스스로 모둠 활동을 통하여 모든 지식을 구성할 수 있도록 지원하는 것이 교사의 역할입니다. 학생을 믿어 주면 믿은 만큼 해냅니다. 교사가 주도하는 수업 대신 약간의 여유와 기다림으로 학생들이 직접 문제를 해결하는 수업의 기쁨을 맛보면 더는 혼자 가르칠 수 없습니다.

'수학공부걱정없는마을'을 넘어서
'수학공부걱정없는학교'로 가려면

2023년부터 현재까지 전국에 3개의 '수학공부걱정없는마을'을 조성하여 마을공동체 안의 시민들이 마을 아이들의 수학 학습을 돕도록 했다. 네 번째 마을을 개척 중이며 이어서 5, 6호 마을도 추진 중이다.

마을교사들은 2개월의 연수 과정에서 익힌 대로 수학을 직접 가르치는 것이 아니라 아이들이 학교 수업에서 배운 수학 개념을 학습 동아리 활동을 통하여 익히는 과정을 지원하는 역할을 한다. 아이들은 동아리 활동을 통해서 그날 학교에서 배운 것을 완벽하게 복습하고 정리한다. 여유가 생기면 다음날 배울 것을 예습하기도 한다.

'수학공부걱정없는마을'의 운영 원칙은 다음 네 가지다.

첫째, 마을교사는 가르치지 않는다. 사실은 수학을 가르칠 수 없다는 표현이 적절하다.

둘째, 참여 학생은 동아리 활동에서 협력하면서 자기주도적으로

모든 것을 해결한다.

셋째, 수학을 배우는 것은 학교 수업을 기반으로 한다.

넷째, 철저히 개념적인 학습을 한다.

3개 마을학교를 6개월 동안 운영한 연구보고서에 나타난 성과는 다음과 같이 정리할 수 있다.

[성과 ①] 참여 학생의 수학 성적이 평균 5.14점 올랐는데,

이는 유의미한 향상임.

[성과 ②] 기초학력 미달이었던 학생 절반(50%)이

미달 상태를 벗어남.

[성과 ③] 참여 학생의 수학 정의적 영역의 성취도가

유의미하게 향상됨.

[성과 ④] 사교육을 받던 학생 중 58.33%가 사교육에서 탈출함.

[성과 ⑤] 마을교사의 수학 정의적 영역의 성취도가

유의미하게 향상됨.

학교 수업에서 여러 가지 여건으로 미처 완성하지 못한 수학 공부를 마을학교에서 수학을 전공하지 않은 시민들이 직접적으로 가르치

지 않으면서 나타난 성과라는 것에 의미를 부여해야 한다. 이 성과는 온전히 저녁 시간 또는 휴일의 시간을 투자하여 마을 아이들을 지원한 마을교사들과 마을공동체의 몫이다. 나는 거기에 숟가락 하나만 얹었을 뿐이다.

누구나 짐작할 수 있듯이 '수학공부걱정없는마을' 조성 사업이 마냥 순탄한 것은 아니다. 가장 어려운 점은 마을교사들이 바쁜 시간을 쪼개야 하는 점이다. 시간을 내더라도 아이들의 모둠활동에서 협력을 끌어내는 역할은 교육학을 전공한 교사들에게도 쉽지 않은 일이다. 수학을 전공하지 않은 지식적인 부담도 만만치 않다. 아이들이 수시로 물어보기 때문이다.

사실은 이런 일을 가장 잘 할 수 있는 곳은 학교다. 그렇다고 학교에서 방과 후에 따로 아이들을 남겨서 활동하는 것은 정말 바람직하지 않을뿐더러 비효율적이기도 하다. 방과 후 학교는 사교육과 다를 바가 없다고 생각한다. 결국은 정규 수업 시간 안에서 학습한 내용을 복습하고 정리까지 끝마치는 방안을 마련해야 한다. 이른바 '수학공부걱정없는학교'다.

몇몇 학교에서 상담을 요청해서 진행 중이지만 '수학공부걱정없는학교' 조성 사업은 '수학공부걱정없는마을'보다 어렵다. 학교라는 현장은 마을보다 훨씬 더 복합적으로 움직이기 때문에 여러 가지 시스템이 작동하고 있는 상태에서 새로운 일을 밀어 넣는 것이 거의 불가능하다. 이미 정해진 진도 나가기만으로도 수업이 벅찬데 거기에 복습과 정리하는 과정까지 책임을 지라는 것에 대한 반발도 만만치 않다.

상황이 이렇게 어렵지만 최근 예습을 책임지는 학교를 만났다. 나는 그 학교에 복습과 정리까지 책임지도록 권하고 있다. 예습만으로도 아이들의 공부의 깊이가 향상되는 것을 보았다. 거기에 복습과 정리까지 도와준다면 아이들은 방과 후에 사교육의 도움을 받지 않을 수 있다. 학교가 그 정도의 책임을 질 각오가 있다면 얼마든지 도움을 줄 수 있다.

'수학공부걱정없는학교'는 수학 수업을 어떻게 진행할 것인가? 모든 학생은 예습을 한다. 예습은 내일 배울 교과서 두세 쪽을 읽고 생각을 정리하는 것이다. 생각을 정리한다는 것은 두세 쪽의 내용을 읽고서 알고 있는 것과 모르는 것을 구분하는 것이다. 그 내용을 노트에 간단하게 정리해서 학교에 간다. 이것만큼은 집에서 해야 한다.

이제 학교 수업이다. 수업은 크게 세 부분으로 나뉜다. 중학교 45분 수업을 기준으로 예를 들면 예습 확인에 10분, 예습에서 드러난 모르는 부분을 학습하는 데 20분, 나머지 15분은 복습하고 정리하는 데 할애한다. 초등학교나 고등학교는 예습에서 드러난 모르는 부분을 학습하는 시간을 5분씩 가감할 수 있다.

예습은 3단계(짝 활동 → 모둠 활동 → 전체 공유 활동)로 진행한다. 먼저 짝 활동이다. 짝이랑 둘이서 서로 아는 것과 모르는 것을 확인하고 모르는 것은 아는 학생이 설명해 준다. 다음은 모둠 활동이다. 넷이서 모여 짝 활동에서 해결하지 못한 모르는 것을 확인한다. 이때도 아는 학생이 그 부분을 설명해 준다. 넷 다 모르는 내용은 따로 모둠 칠판에 정리해서 앞에 공개한다. 각 모둠에서 모르는 것이 칠판에 정리되면 전체 공유 활동이 시작된다. 전체 공유 활동에서는 각자가 다른 모둠에서 올라온 내용 중 설명 가능한 것을 찾고 나와서 설명한다. 예습은 모르는 것을 압축해서 정리하는 것으로 끝난다.

수업은 예습 과정 후 남아 있는 모르는 것을 해결하는 과정이다. 예습 과정에서 남은 것 중 간단한 것은 교사가 설명하고, 한두 가지 주제만 깊이 있게 진행한다. 어떤 주제가 남을지는 수업을 준비하는 과정에서 충분히 예측할 수 있기 때문에 사전에 대비가 가능할 것이다. 다만 예습 과정에서 예기치 않은 상황이 발생한다면 꼭 그날 수업에서 처리하기보다는 학생들에게 생각할 여지를 주고 다음 시간으로 논의를 넘길 수 있다.

복습은 짝 활동이나 모둠 활동을 통해 각자가 몇 가지 핵심 질문에 설명하는 방식으로 진행한다. 설명할 수 없는 내용은 간단히 다음 기회로 넘긴다. 가능한 설명을 모두 마친 후에는 각자 개념정리 노트를 작성한다. 다음은 필자가 만든 개념정리 노트 양식이다. 이

양식을 그대로 사용해도 되고 변형하여 편리한 방향으로 사용할 수 있다.

'개념연결 개념정리+문제풀이 노트(초·중·고용)' 양식

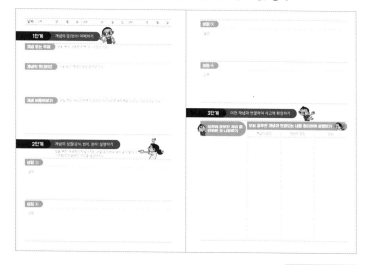

노트 양식 다운로드 받기

참고문헌

- 강완(2016). **초등 수학 교과서의 잘잘한 감자들**. 서울: 교우사.
- 고지마 히로유키(2008). **수학으로 생각한다**[Sansu no hasso]. (박지현 역). 서울: 동아시아. (원전은 2006에 출판)
- 김남희, 나귀수, 박경미, 이경화, 정영옥, 홍진곤(2007). **수학교육과정과 교재연구**. 서울: 경문사.
- 김덕년(2017). **교육과정-수업-평가-기록 일체화**. 서울: 에듀니티.
- 김동원(2008). 기하탐구교실에서 나타난 증명 학습의 변화에 관한 연구. 박사학위논문. 서울대학교.
- 김미경(2013). **중학교 국어 수업 어떻게 할 것인가?** 서울: 살림터.
- 김성천, 양정호(2007). **교사자율연구모임을 통해 본 교직문화의 새로운 가능성: 구성 배경과 참여동기를 중심으로.** 한국교육, 34(3), 51-74.
- 김태현(2012). **교사, 수업에서 나를 만나다**. 서울: 좋은교사.
- 남경운, 서동석, 이경은(2014). **아이들이 몰입하는 수업 디자인**. 서울: 맘에드림.
- 리사 손(2022). **메타인지 학습법: 생각하는 부모가 생각하는 아이를 만든다**. 경기: 21세기북스.
- 리핑 마(2012). **초등학교 수학 이렇게 가르쳐라**. (승영조 역). 서울: 승산.
- 박성숙(무더킨더)(2010). **꼴찌도 행복한 교실**. 서울: 21세기북스.
- 박정숙(2009). **학생의 비례추론의 분석 모형과 특성 분석**. 박사학위논문. 서울대학교.
- 박현숙(2012). **교사는 수업으로 성장한다**. 서울: 맘에드림.
- 방정숙(2003). **수학 교사 학습과 전문성 신장에 관한 소고**. 수학교육학연구, 13(2), 143-157. 서울: 대한수학교육학회.
- 사교육걱정없는세상(2022). **고등 수학의 발견**. 서울: 비아에듀.
- 사교육걱정없는세상(2019). **중학교 수학의 발견**. 서울: 창비교육.
- 사교육걱정없는세상(2015). **6개국 수학 교육과정 국제비교 컨퍼런스 자료집**.

- 사교육걱정없는세상(2010). **아깝다 학원비!** 서울: 비아북.

- 사토 마나부(2009a). **배움으로부터 도주하는 아이들.** (손우정, 김미란 공역). 서울: 북코리아. (원전은 2000에 출판)

- 사토 마나부(2009b). **교육개혁을 디자인한다.** (손우정 역). 서울: 학이시습.

- 사토 마나부(2006). **수업이 바뀌면 학교가 바뀐다.** (손우정 역). 서울: 에듀니티. (원전은 2000에 출판)

- 서경혜(2005). **반성과 실천: 교사의 전문성 개발에 대한 소고.** 교육과정연구, 23(2), 285-310.

- 서근원(2012a). **학교혁신의 길: 교육인류학의 관점에서.** 서울: 강현출판사.

- 서근원(2012b). **학교 혁신의 패러독스: 敎民(교민)에서 誨人(회인)으로.** 서울: 강현출판사.

- 서근원(2009). **수업에서의 소외와 실존: 교육인류학의 수업 이해.** 서울: 교육과학사.

- 서근원(2007). **수업을 왜 하지?** 서울: 우리교육.

- 서근원(2004). **산들초등학교의 교육공동체 형성에 관한 교육인류학적 연구.** 박사학위논문. 서울대학교.

- 서덕희(2008). **홈스쿨링을 만나다.** 서울: 민음사.

- 서동석, 남경운, 박미경, 서은지, 이경은, 전경아, 조윤성(2016). **교사들이 함께 성장하는 수업: 동료 교사의 눈으로 수업을 새로 보다.** 서울: 맘에드림.

- 성종규(2012). **과학교사, 교과서를 버리다.** 경기: 이담북스.

- 성종규(2015). **가르침 없는 배움.** 부산: 잼난인연.

- 손우정(2012). **배움의 공동체.** 서울: 해냄.

- 안슬기(2012). **차라리 수학공부 하지 마라.** 서울: 쌤앤파커스.

- 오영열(2006). **수업개선 관행공동체를 통한 교사의 변화 탐색: 수학 수업관행을 중심으로.** 수학교육연구, 16(3), 251-272. 서울: 대한수학교육학회.

- 오영열(2003). **초등교사의 수학과 수업 개선 의지의 예측과 이해.** 수학교육학연구 13(3), 267-286. 서울: 대한수학교육학회.

- 오욱환(2006). **교사 전문성: 교육전문가로서의 교사에 대한 논의.** 서울: 교육과학사.

- 우정호(2011). **수학 학습 지도 원리와 방법[수정판 2판]**. 서울: 서울대학교출판부.

- 우정호(2007). **학교수학의 교육적 기초[제2증보판]**. 서울: 서울대학교출판부.

- 이경화(1996). **교수학적 변환론의 이해. 논문집**, 6(1). 서울: 대한수학교육학회.

- 이토 우지다카(2012). **천천히 깊게 읽는 즐거움**. (이수경 역). 서울: 21세기북스. (원전
  은 2010에 출판)

- 이혁규(2013). **수업: 누구나 경험하지만 누구도 잘 모르는**. 서울: 교육공동체벗.

- 이혁규(2008). **수업, 비평의 눈으로 읽다**. 서울: 우리교육.

- 이혁규(2005). **교과 교육 현상의 질적 연구: 사회교과를 중심으로**. 서울: 학지사.

- 이혁규, 이경화, 이선경, 정재찬, 강성우, 류태호, 안금희, 이경언(2007). **수업, 비평을
  만나다**. 서울: 우리교육.

- 이형빈(2015). **교육과정-수업-평가 어떻게 혁신할 것인가: 가르침과 배움이 살아 있
  는 평등한 교실을 위하여**. 서울: 맘에드림.

- 이혜정(2014). **서울대에서는 누가 A+를 받는가: 서울대생 1100명을 심층조사한 교
  육 탐사 프로젝트**. 세종: 다산에듀.

- 이혜정(2017). **대한민국의 시험**. 경기: 다산북스.

- 정광필, 이우학교 교사, 학부모들(2008). **이우학교 이야기**. 서울: 갤리온.

- 조영달(2004). **한국 중등학교 교실수업의 이해**. 서울: 교육과학사.

- 조용환(1999). **질적연구: 방법과 사례**. 서울: 교육과학사.

- 천호성(2008). **수업 분석의 방법과 실제**. 서울: 학지사.

- 최수일(2022a). **지금 공부하는 게 수학 맞습니까? 초등 부모용**. 서울: 비아북.

- 최수일(2022b). **지금 공부하는 게 수학 맞습니까? 중·고등학생용**. 서울: 비아북.

- 최수일 외(2024). **만화 수학교과서. 초등 1~6학년**. 서울: 비아에듀.

- 최수일 외(2023). **박학다식 문해력 수학. 초등 1~6학년**. 서울: 비아에듀.

- 최수일 외(2022). **수학의 미래. 초등 1~6학년**. 서울: 비아에듀.

- 최수일 외(2024). **연산의 발견. 초등 1~6학년**. 서울: 비아에듀.

- 최수일(2024). **개념연결 고등수학사전**. 서울: 비아북.

- 최수일(2024). **개념연결 중학수학사전**. 서울: 비아북.

- 최수일(2024). **개념연결 초등수학사전**. 서울: 비아북.

- 최수일(2021). **개념연결 유아수학사전**. 서울: 비아북.

- 최수일(2020). **내가 정말 알아야 할 수학은 초등학교에서 모두 배웠다**. 서울: 비아북.

- 최수일(2017). **지금 가르치는 게 수학 맞습니까?** 서울: 비아북.

- 최수일(2014a). **하루 30분 수학**. 서울: 비아북.

- 최수일(2014b). **수학이 살아 있다**. 서울: 비아북.

- 최수일(2013). **착한 수학**. 서울: 비아북.

- 최수일(2009). **수업분석 학습공동체 활동을 통한 수학교사의 전문성 제고에 관한 연구**. 박사학위논문. 서울대학교.

- 최수일, 이정주, 양영기, 임홍덕, 안상진(2016). **수포자 신분 세탁 프로젝트**. 서울: 시사IN북.

- 카타기리 시게오(1999). **수학적인 생각의 구체화**. (이용률, 성현경, 정동권, 박영배 역). 서울: 경문사.

- 하시모토 다케시(2012). **슬로 리딩**. (장민주 역). 서울: 조선북스.

- 홍창준, 김구연(2012). **중학교 함수 단원의 수학 과제 분석**. 대한수학교육학회지 「학교수학」, 14(20), 213-232.

- 후쿠타 세이지(2009). **핀란드 교실 혁명**. (박재원, 윤지은 역). 서울: 비아북. (원전은 2007에 출판)

- Ashlock, R. B.(2013). **예비교사와 현직교사를 위한 초등수학 교수법-수학 오개념과 오류 바로잡기**[Error patterns in computations: using error patterns to help each student learn, 10th]. (남승인, 류성림, 권오용, 남현준, 류윤재, 이목형, 이장호 역). 서울: 경문사. (원전은 2010에 출판)

- Bergmann, J., & Sams, A.(2015). **거꾸로교실: 진짜 배움으로 가는 길**[Flipped learning: gateway to student engagement]. (정찬필, 임성희 역). 서울: 에듀니티. (원전은 2014에 출판)

- Borich, G. D.(2005). **효과적인 수업 관찰(4판)**[Observation skills for effective teaching]. (설양환, 김윤옥, 김지숙, 박태호, 우상도, 이범웅, 함희주 역). 서울: 아카

데미프레스. (원전은 2003에 출판)

- Burns, M.(2014). **수학, 별거아냐!**[Math: Facing an American phobia]. (이은희 역). 서울: 경문사. (원전은 1998에 출판)

- Carpenter, T. P., Franke, M. L., & Levi, L.(2010). **수학적 사고하기: 초등수학에서 산술과 대수의 통합.** (김민경, 노선숙 역). 서울: 교육과학사.

- Carr. N.(2011). **생각하지 않는 사람들.** (최지향 역). 서울: 청림출판. (원전은 2010에 출판)

- Christodoulou, D.(2018). **아무도 의심하지 않는 일곱 가지 교육 미신**[Seven Myths about Education]. (김승호 역). 서울: 페이퍼로드. (원전은 2014에 출판)

- Clairaut, A. C.(2005). **클레로의 기하학 원론**[Elèments de Gèomètrie]. (장혜원 역). 서울: 경문사. (원전은 1741에 출판)

- Esquith, R.(2008). **에스퀴스 선생님의 위대한 수업**[Teach like hair's on fire]. (박인균 역). 서울: 추수밭. (원전은 2007에 출판)

- Fawcett, H. P.(2006). **증명의 본질**[The nature of proof]. (장경윤, 유현아, 한세호 역). 서울: 경문사. (원전은 1938에 출판)

- Finkel, D.(2010). **침묵으로 가르치기**[Teaching with your mouth shut]. (문희경 역). 서울: 다산초당. (원전은 2000에 출판)

- Gatto, J. T.(2005). **바보 만들기**[Dumbing us down: The hidden curriculum of compulsory schooling]. (김기협 역). 서울: 민들레. (원전은 1992에 출판)

- Hiebert, J., Carpenter, T. P., Fennema, E., Fuson, K. C., Weame, D., Murray, H., Oliver, A., & Human, P.(2004). **어떻게 이해하지?(수학교실 연구시리즈 1)**[Making Sense: teaching and learning mathematics with understanding]. (김수환, 박영희, 이경화, 한대희 역). 서울: 경문사. (원전은 1997에 출판)

- Holt, J. C.(2007a). **아이들은 어떻게 배우는가**[How children learn]. (공양희, 해성 역). 서울: 아침이슬. (원전은 1983에 출판)

- Holt, J. C.(2007b). **아이들은 왜 실패하는가**[How children fail]. (공양희 역). 서울: 아침이슬. (원전은 1982에 출판)

- Humphreys, C., Parker, R.(2018). **15분의 기적: 수학 수업이 즐거워진다**[Making number talks matter: Developing mathematical practices and deeping understanding, grades 4-10]. (김희정, 손지원 역). 서울: 경문사. (원전은 2015에 출판)

- Jo Boaler.(2024). **수학이 좋아지는 스탠퍼드 마인드셋**. (송명진, 박종하 역). 서울: 와이즈베리.

- Kazemi. E., Hintz. A.(2023). **의도적 수업 논의, 수학 교실을 바꾼다.** (김희정, 손지원 역). 서울: 경문사.

- Khan, S. (2013). **나는 공짜로 공부한다**[The one world schoolhouse]. (김희경, 김현경 역). 서울: 알에이치코리아. (원전은 2012에 출판)

- Lampert, M.(2016). **가르치는 것은 왜 그렇게 어려울까?**[Teaching problems and the problems of teaching]. (방정숙, 권민성 역). 서울: 경문사. (원전은 2001에 출판)

- Lockhart, P.(2018). **수포자는 어떻게 만들어지는가?(한 수학자의 탄식)**[A mathematician's lament]. (박용현 역). 서울: 철수와영희. (원전은 2009에 출판)

- Lortie, D.(1993). **교직사회: 교직과 교사의 삶**[School-Teacher: A Sociological Study]. (진동섭 역). 서울: 양서원. (원전은 1975에 출판)

- Margaret, S. S., Mary, K. S.(2013). **효과적인 수학적 논의를 위해 교사가 알아야 할 5가지 관행**[5 practice for orchestrating productive mathematics discussions]. (방정숙 역). 서울: 경문사. (원전은 2011에 출판)

- Meier, D. W.(2014). **아이들이 가진 생각의 힘**[The power of their ideas: Lessons for America from a small school in Harlem]. 서울: 맘에드림. (원전은 1995에 출판)

- Meyer, H.(2011). **좋은 수업이란 무엇인가?**[Was ist guter Unterricht?] (손승남, 정창호 역). 서울: 삼우반. (원전은 2004에 출판)

- NCTM.(2007). **학교수학을 위한 원리와 규준**[Principles and standards for school mathematics]. (류희찬, 조완영, 이경화, 나귀수, 김남균, 방정숙 역). 서울: 경문사. (원전은 2000에 출판)

- Palmer, P. J.(2000). **가르칠 수 있는 용기**[The courage to teach]. (이종인 역). 서울: (주)한문화멀티미디어. (원전은 1998에 출판)

- Rancière, J.(2008). **무지한 스승**[Le maître ignorant]. (양창렬 역). 서울: 궁리. (원전은 1987에 출판)

- Root-Bernstein, R., & Root-Bernstein, M.(2007). **생각의 탄생**[Spark of genius]. (박종성 역). 서울: 에코의서재. (원전은 1999에 출판)

- Schoenfeld, A. H.(2013). **수학수업, 설명을 만나다**[How we think: A theory of goal-oriented decision making and its educational application]. (이경화 역). 서울: 경문사.

- Siety, A.(2005). **수학, 내 친애하는 공포여**[Mathématiques, ma chère terreur]. (전재연 역). 서울: 궁리. (원전은 2001에 출판)

- Skemp. R. R.(2001). **수학학습심리학**[The psychology of learning mathematics]. (황우형 역). 서울: 사이언스북스. (원전은 1971에 출판)

- Sünkel, W.(2005). **수업현상학**[Phaenomenologie des unterrichts: Grundriss der theoretischen Didaktik]. (권민철 역). 서울: 학지사.

- Tucker, A.(2002). **Applied combinatorics**. New York: John Wiley & Sons.

- Whitaker, T.(2009). **훌륭한 교사는 무엇이 다른가?**[What great teachers do differently] (송형호 역). 서울: 지식의날개. (원전은 2004에 출판)

- Willingham, D. T.(2011). **왜 학생들은 학교를 좋아하지 않을까?**[Why don't students like school?] (문희경 역). 서울: 부키. (원전은 2009에 출판)

- Wright, R. J., Martland, J., Stafford, J., Stanger, J.(2011). **수학부진아 지도 프로그램, 매스리커버리**(제2판)[Teaching Number: Advancing children's skills and strategies, 2nd Edition]. (정재석, 김시욱 역). 서울: 시그마프레스. (원전은 2006에 출판)

수학
상처

최수일 지음

초판 1쇄 인쇄일 2024년 12월 6일
초판 1쇄 발행일 2024년 12월 13일

발행인 | 한상준
편집 | 김민정·손지원·최정휴·김영범
디자인 | 김경희·조경규
마케팅 | 이상민·주영상
관리 | 양은진

발행처 | 비아북(ViaBook Publisher)
출판등록 | 제313-2007-218호(2007년 11월 2일)
주소 | 서울시 마포구 월드컵북로 6길 97(연남동 567-40)
전화 | 02-334-6123 전자우편 | crm@viabook.kr 홈페이지 | viabook.kr

ⓒ 최수일, 2024
ISBN 979-11-94348-12-2 03370